HENRYK M. BRODER
REINHARD MOHR

Durchs irre German istan

NOTIZEN AUS DER AMPEL-REPUBLIK

EUROPAVERLAG

MIX
Papier | Fördert
gute Waldnutzung
FSC® C014889
www.fsc.org

Der Umwelt zuliebe
· produzieren wir zu über 90% in
  Deutschland
· achten wir auf kurze Transportwege
· drucken wir auf Papier aus nachhaltiger
  Waldwirtschaft und anderen
  kontrollierten Quellen

3. Auflage 2023

© 2023 Europa Verlag in der Europa Verlage GmbH, München
Umschlaggestaltung: wilhelm typo grafisch, Zürich, unter Verwendung
einer Abbildung von Anastasia Kryzhanska / Here / Shutterstock.com
Redaktion: Franz Leipold
Layout & Satz: Robert Gigler, München
Gesetzt aus der Minion Pro und der Helvetica LT
Druck und Bindung: Pustet, Regensburg
ISBN 978-3-95890-593-1

Europa-Newsletter:
Mehr zu unseren Büchern und Autoren kostenlos per E-Mail!
www.europa-verlag.com

Inhalt

KAPITEL 2

Moralismus als neue Gratis-Tugend – die gute Absicht zählt ... 87

KAPITEL 3

Die deutsche Apokalypseverliebtheit oder Untergang ist immer ... 147

Einleitung

Man kratzt sich am Kopf. War Deutschland nicht eben noch das beliebteste Land der Welt nach Disney World, Exportweltmeister mit Dauer-Abo und ein begehrter Investitionsstandort mit einer funktionierenden Verwaltung, bestens ausgebildeten Fachkräften und einem effektiven Rechtssystem, das Korruption erst gar nicht wachsen lässt?

Der Dreiklang aus Demokratie, Marktwirtschaft und einer Arbeitsdisziplin, die im Rest der Welt zugleich gefürchtet und belächelt wird, hat den Ruf »Made in Germany« zum Weltkulturerbe gemacht. Nachdem weite Teile der europäischen Bevölkerung bei dem Wort »Achtung!!!« lange Zeit intuitiv zusammenzuckten und sich geistig schon in Reih und Glied aufstellten, um alsbald abtransportiert zu werden, hat sich die demokratische Bundesrepublik über Jahrzehnte tatsächlich Respekt und Achtung verschafft.

Trotz aller Krisen galten die 16 Merkel-Jahre als goldene Epoche von Wachstum und pragmatischer Staatsführung im Zeichen der Raute. Ruhe war oberste Bürgerpflicht. Das Motto hieß: »Wir schaffen das:« Der Rest wurde mit Geld ruhiggestellt oder, mit medialer Unterstützung, als »rechtspopulistisch« abgestempelt.

Knapp zwei Jahre danach jedoch zeigt sich das wahre Erbe der Ex-Kanzlerin, die derzeit jede Menge Staatspreise, Bundesverdienstkreuze und sonstige Ehrungen einstreicht. Die Probleme treten geradezu clusterartig auf. Die Realität schlägt mit Macht zurück, ob bei der verteidigungsunfähigen Bundeswehr oder der verfehlten Energiepolitik, ob in Sachen Flüchtlingskrise, Migration und Inte-

9

gration, Digitalisierung, Bildung und Wohnungsbau. Hieß es früher »Über sieben Brücken musst Du gehen«, so kann heute nur davor gewarnt werden: Mehr als 4000 Brücken in Deutschland sind marode und müssen saniert werden.

Im Land fehlt es buchstäblich an allem: Soldaten, Panzer und Pflegekräfte, Lehrerinnen, Straßenbahnfahrer und Bäcker, Polizistinnen, Feuerwehrleute und Richter, Sozialarbeiterinnen, Krankenschwestern und Köche, Kellner, Handwerker und Psychotherapeutinnen, Schwimmlehrer und DLRG-Retter. Die tragende Mitte der Gesellschaft also, neudeutsch »systemrelevant« – all jene, die sich nicht genug »wertgeschätzt« fühlen.

Viele fragen sich inzwischen: Will eigentlich niemand mehr arbeiten? Wo sind sie denn alle, was machen sie denn sonst so? Influencer, irgendwas mit Medien, Atemkurs auf Fuerteventura, Dauer-Chillen? Die Work-Life-Balance der Republik scheint jedenfalls in massiver Schieflage, was am Ende dazu führt, dass weder Work noch Life im Gleichgewicht sind. Und wenn die Vier-Tage-Woche tatsächlich eingeführt werden sollte: Wer backt dann sonntagmorgens um vier Uhr die Dinkelbrötchen?

Zugleich strömen Hunderttausende Asylbewerber, Migranten, Schutzsuchende und illegale Einwanderer ins Land, die, anders als offiziell verkündet, leider keinen neuen Wirtschaftsboom ausgelöst haben, sondern in der Mehrheit über viele Jahre arbeitslos sind, von Sozialleistungen leben und überproportional häufig schwere Straftaten begehen. Gerade bei Sexualverbrechen gegen Frauen sind junge männliche Migranten laut aktuellen Statistiken des Bundeskriminalamts weit überrepräsentiert.

In einer merkwürdigen Übersprunghandlung versucht die neue Ampel-Regierung unter dem Merkel-Schüler Scholz mit dem Temperament einer gebrauchten Büroklammer, weitere Hunderttausende Migranten – die »Wirtschaftsweise« Monika Schnitzer fordert gar 1,5 Millionen Zuwanderer pro Jahr – ins Land zu locken, um den Fachkräftemangel zu beheben. Dazu reist der Arbeitsminister bis nach Brasilien. Dass für diese Zuwanderer gar keine Wohnungen vorhanden sind, spielt keine Rolle. Währenddessen beziehen vier Millionen erwerbsfähige Menschen das »Bürgergeld«, formerly known as »Hartz IV«, und die Rente mit 63 sorgt dafür, dass Hunderttausende Fachkräfte vorzeitig in Pension gehen. Eine dreifach teure Ressourcenverschwendung, ein Irrsinn von Staats wegen, der nur mit Humor zu nehmen ist.

Apropos: Humor gehört auch zur Mangelware in der Ampel-Republik, denn Ironie und Sarkasmus passen nicht zur woken, politisch korrekten, achtsamen, diversen und nachhaltigen Gesellschaft, die niemanden zurücklassen will und eben deshalb nicht vorwärtskommt. Man kennt das vom Schulwandertag. Zum Ausgleich soll Cannabis legalisiert werden, denn selbst im Land der »feministischen Reflexe« und verordneten Regenbogenfahnen geht es nicht ganz ohne gute Laune, auch wenn sie aus der Tüte kommt.

Die Deutsche Bahn setzt aber wenig Hoffnung darauf, dass deshalb nun die »besten Köpfe« aus aller Welt in die Bundesrepublik streben. So verspricht sie das endgültige Erreichen des beschleunigten »Deutschlandtakts« erst für das Jahr 2070, optimistisch gerechnet also in rund 48 Jahren: die vierfache Dauer des »Dritten Reiches«, damals, als die Züge noch pünktlich gen Osten rollten.

Der Einbau von neuen Gasheizungen soll allerdings demnächst verboten sein ebenso wie »antifeministische« Meinungsäußerungen, die umgehend der neu geschaffenen »Meldestelle« des Bundesfamilienministeriums angezeigt werden können. Dort gibt es offensichtlich, anders als in Wirtshäusern, Schulen und Strafvollzugsanstalten, keinerlei Mangel an engagierten Fachkräften, darunter auch eine ehemalige informelle Mitarbeiterin der DDR-Staatssicherheit.

Personalmangel herrscht ebenso wenig in der immer weiter aufgeblähten Ministerialbürokratie, wo Tausende neue Fachkräfte am Deutschlandtakt arbeiten, um viele weitere »Gute-Kita-« und »Starke-Familien-Gesetze« aus der Taufe zu heben – ein tolles Vorbild für die ganze gute Welt. Urbi et orbi: »Vier bis fünf Windräder« müssten pro Tag installiert werden, um das Weltklima zu retten, fordert der Kanzler, der sich mit Wumms stets um die ganz großen Linien kümmert.

Deshalb kann er sich nicht mit Kleingedrucktem abgeben wie den alarmierenden Prognosen von Energieexperten, denen zufolge Deutschland in absehbarer Zeit massive Stromlücken zu befürchten hat, die allenfalls notdürftig durch den Import von Atom- und Kohlestrom aus europäischen Ländern gestopft werden könnten. Schon werden Stromabschaltungen avisiert, auf die sich auch die Industrie vorbereitet – vor allem durch Abwanderung in andere Länder. Etwa nach China, wo Dutzende neue Kohlekraftwerke gebaut werden, während in Deutschland Sonnenkollektoren auf Balkonen boomen. Nur der jährliche Armutsbericht des Paritätischen Wohlfahrtsverbandes und seines Chefs mit den markanten Mega-Koteletten ist so verlässlich wie eh und je: Es wird immer schlimmer. Die »Führungsmacht Deutschland« (Olaf Scholz) – ein einziges Armenhaus.

Aber wir wollen keine schlechte Stimmung verbreiten. Im Gegenteil. Wir beobachten, protokollieren und resümieren mit viel Liebe zum Detail das, was in diesem merkwürdigen Land vorgeht und viele Zeitgenossen ratlos bis wütend zurücklässt. Doch wir wissen aus Erfahrung: Veränderung kommt nur durch Einsicht, also auch durch konkrete Ansichten – genaue Beschreibungen dessen, was passiert. Anders als Marx sagte, bestimmt eben auch das Bewusstsein das Sein.

Und da sind wir schon beim ersten Leitmotiv der fortgeschrittenen deutschen Phrasen-Republik: Ständig wird gepredigt, wie wunderbar es sein wird, statt erst einmal darüber zu reden, wie es ist. »Strukturelles«, also betreutes Wegschauen in Tateinheit mit betreutem Denken ist vor allem in den Massenmedien Programm, jedenfalls dort, wo die Realität buchstäblich wehtut: dem eigenen Weltbild, den ideologischen Überzeugungen, den politischen Tabuzonen.

Endemischer Moralismus, realitätsferne Illusionen, Größenwahn und Selbstverleugnung, schlechte Laune und Angst vor der Freiheit, dazu Vollkasko-Mentalität und apokalypseversessen Wohlstandsverwahrlosung mit einer kräftigen Portion Geschichtsvergessenheit, die sich als »Lehre aus der Geschichte« tarnt – darum geht es in diesem Buch. Ob in Form einer kleinen Miszelle, einer tagebuchähnlichen Eintragung, einer Glosse, eines pointierten Essays oder als szenisch-reportagehafte Darstellung – alles trägt zur Zeichnung eines Sittenbilds der Ampel-Republik bei, deren Maxime Heinrich Heine schon 1844 in seinem Zyklus *Deutschland, ein Wintermärchen* mit beispielhafter Ironie und Sarkasmus formulierte, ohne Robert Habeck, Ricarda Lang und Annalena Baerbock überhaupt zu kennen:

Franzosen und Russen gehört das Land,
Das Meer gehört den Britten,
Wir aber besitzen im Luftreich' des Traums
Die Herrschaft unbestritten.
Hier üben wir die Hegemonie,
Hier sind wir unzerstückelt;
Die andern Völker haben sich
Auf platter Erde entwickelt.

KAPITEL 1

Schöne Illusionen
oder
Die Realitätsblindheit der
Bullerbü-Republik

An Tagen wie diesen ...

Es gibt Tage, da geht es schon um kurz nach acht los mit dem Gefühl, im falschen Film zu sein. Im *Morgenmagazin* von ARD und ZDF beschwört eine Ministerin unentwegt den »sozialen Zusammenhalt« und fordert »Respekt für alle«, weil Menschlichkeit keine »Obergrenze« kenne. Gerade ist die erste Tasse Kaffee eingegossen, und man fühlt sich schon defizitär, irgendwie schuldig. Tue ich genug für die »Wärmewende« und den »Zusammenhalt«? Und wie genau geht der? Mit wem soll ich eigentlich zusammenhalten?

Mittags im Deutschlandfunk fordert ein Politikwissenschaftler ultimativ »Mehr Europa!« und fügt hinzu: »Gewalt ist keine Lösung. Niemand darf ausgegrenzt werden.« Spontan erinnert man sich daran, dass im *Tagesspiegel,* dem ehemaligen Lieblingsblatt aller weltoffenen Wilmersdorfer Witwen, die Kolumnistin Hatice Akyün unlängst dekretierte: »Stark ist das neue hübsch. Wir müssen aufhören, unsere Töchter hübsch zu finden.« Okidoki, das eigene Kind hübsch zu finden diskriminiert andere Kinder, die vielleicht nicht ganz so hübsch sind. Wir lernen: Das neue »Narrativ« der Body-Positivity ist Teil jener Dauerwerbesendung für Vielfalt, die inzwischen den Status eines neuen Grundrechts, ja eines Staatsziels erlangt hat. Olaf Scholzens Drohung ist wahr geworden: »You'll never walk alone!«

Selbst regierungsamtliche Stellen engagieren sich für ein achtsames Miteinander, die aktive »Gestaltung von Vielfalt« im Sinne von Diversität. Seltsam nur: Schon beim Aldi um die Ecke findet man jede Menge Vielfalt, nicht nur im Joghurtregal, sondern auch in der Schlange an der Kasse. Echte Regenbogen-Diversität, vom grauhaarigen Cis-Rollator-Rentner bis zur jungen afghanischen Frau mit Kopftuch. Ein holländischer Sozialforscher prophezeit ohnehin, dass Menschen ohne Migrationshintergrund, die sogenannten Kartoffeln, in einigen Jahren auch in Deutschland in der Minderheit sein werden. Schon wieder eine Sorge weniger: Die Vielfalt setzt sich ganz von selbst durch.

Das gilt auch für den Bürgersteig. Nach »Latte to go« und »Wegbier« ist nun »Wandschrank to go« angesagt. Weil man sich hier im Reich einer bunten »Positivkultur der Emotionen« befindet, wie der Soziologe Andreas Reckwitz es formuliert, wird die versiffte schwarze Polstergarnitur kulturadäquat und milieugerecht beworben. In heiligem Ernst steht da wortwörtlich: »Zum Mitnehmen! Viel Spaß damit!«

Auf Radio 1 vom rbb wirbt derweil ein Aktivist – wer heute kein Aktivist ist, hat nichts verstanden – für die Enteignung privater Wohnungsbaugesellschaften. Irgendwie soll das auch der Klimaneutralität Berlins zugutekommen. Wir vermuten: Durch weniger Wohnungsbau – so wie durch weniger Parkplätze und Autos, die perspektivisch nach Brandenburg ausgelagert werden sollen.

Dafür dürfen mehr Frauen oben ohne durchs Freibad kraulen. Eine rbb-Reporterin hat unter falschem Namen den Selbstversuch gewagt und mit ihren unverhüllten, »als weiblich gelesen Brüsten« im Hallenbad ihre Bahnen gezogen. Ihre praktischen Erkenntnisse – sie war die Einzige geblieben, die ihr Oberteil ablegte – fasste sie in den Aufruf »Den Wandel leben! Traut euch!« zusammen.

In Transgender-Zeiten wird das alles natürlich noch viel komplizierter. Lesben auf Partnerinnensuche werden nicht nur auf Dating-Portalen von biologischen Männern, die sich plötzlich »Lesben« nennen, sexuell bedrängt. »Diese Männer«, so eine Lesben-Initiative, »fordern von uns, dass wir sie als Partnerinnen und ihr Genital als *Girl dick/Lady dick* akzeptieren. Weil wir das nicht tun, werden wir als transphobe Nazis und Schlimmeres diffamiert.« So hat der Wandel seine vielfältigen Tücken.

Robert Habecks Äußerung gegenüber brasilianischen Urein-wohnern, Minister wie er seien so was wie »Häuptlinge«, englisch »Chiefs«, hat freilich gezeigt, wie steinig der Weg zum nachhaltigen Wandel ist, der auch wirklich jeden erreicht. Wenigstens sprach er nicht von »Indianerhäuptling« wie seine grüne Parteikollegin Bettina Jarasch, die sich für ihren Jahrzehnte zurückliegenden Kinderwunsch zu Fastnacht vor versammelter Mannschaft entschuldigen musste.

Nicht abschließend zu klären war, ob Habecks etwas holzschnittartiger Übersetzungsversuch eine unzulässige rassistische Äußerung darstellte. In Fachkreisen wurde jedenfalls problematisiert, dass die folkloristische Bemalung des Gesichts von Habeck durch junge Eingeborene ein passives Vergehen im Sinne der »kulturellen Aneignung« gewesen sein könnte, die der deutsche Häuptling hätte entrüstet zurückweisen müssen. Immerhin kam Häuptling Habecks politische Botschaft im Jargon eines Kreuzberger Streetworkers authentisch rüber: »Für uns ist das sehr spannend zu verstehen, wie ihr im Wald leben könnt und den Wald schützen könnt, weil in Deutschland vor tausend Jahren die Deutschen alle Bäume gefällt haben.«

Megakrass. Grüne Völkerkunde in altgermanischer Tradition, auch wenn der Minister hätte darauf hinweisen können, dass Taunus, Hunsrück und Schwarzwald, Bayerischer Wald, Rhön, Odenwald, Harz und Westerwald noch stehen – wenigstens ein Stück weit. Aber so genau müssen es die Bimbos ja auch nicht wissen. Die grüne Bundestagsabgeordnete Emilia Fester, 25, wusste bis vor Kurzem ja auch nicht, wer Bismarck war (vom gleichnamigen Hering hatte sie offenbar auch noch nichts gehört). Als ihr gesagt wurde, dass der gute Mann mal Reichskanzler war, entfuhr ihr: »Ach was, wirklich? Der war Kanzler? Witzig!«

Während jetzt das erste Glas Kaiserstühler Spätburgunder fällig ist, läuft bei *kulturzeit* auf 3Sat ein Beitrag gegen »Hass und Hetze im Netz«, Islamophobie, Transfeindlichkeit, Antiziganismus, Rassismus und Rechtsextremismus, der gefühlt jeden zweiten Abend gesendet wird. Obwohl noch kein Islamwissenschaftler erklären konnte, wieso es »antimuslimischen Rassismus« geben soll, wenn der

Islam doch gar keine Rasse, sondern eine Religion ist: Der Begriff ist in den allgemeinen Sprachgebrauch der progressiven Kräfte eingegangen wie die Mietpreisbremse und das 9-Euro-Ticket. Auch die anlassgebundene Empörung über den wachsenden Antisemitismus ist Teil des routinierten Medienbetriebs, doch leider erfährt man nie, wer denn nun die Täter sein könnten. Vor lauter demonstrativer Abscheu angesichts der Schande vergisst man, etwa auf der Sonnenallee in Berlin-Neukölln einmal genauer nachzuforschen. Klar: Man will es lieber nicht wissen. Das Ergebnis könnte Teile der Bevölkerung verunsichern.

In der *Abendschau* des rbb schließlich wird Berlin mit seinen bald vier Millionen Einwohnern wie fast jeden Abend als sozialer Querschnitt aus Neonazis und Obdachlosen, queeren Transgender-People, von Kündigung bedrohten Mietern und aktivistischen Demonstranten vorgeführt, die den Berufsverkehr lahmlegen.

Dann ist man endgültig reif für den *Bergdoktor* oder die *Bergretter* – schöne Landschaften und halbwegs normale Menschen, die allenfalls mal in eine Gletscherspalte fallen, bevor sie vom Heli zum Krankenhaus geflogen werden, wo ein ganzes Ärzteteam auf sie wartet. Fast wie im richtigen Leben.

Jeder will »wertgeschätzt« werden – aber wofür eigentlich?

In der Blütezeit des Nachrichtenmagazins *Der Spiegel*, also in den Sechziger- und Siebzigerjahren des vergangenen Jahrhunderts, fürchteten nicht nur Minister und Staatssekretäre, Industriebosse und Gewerkschaftsbonzen das montägliche Erscheinen des Enthüllungsblattes – auch die Redakteure (Redakteurinnen gab es damals nur in Spurenelementen) lebten in einer Welt, in die jederzeit der Blitz einschlagen konnte. Ob Herausgeber, Chefredakteure oder Ressortleiter – der Zorn der einen war die Angst der anderen, die sich in der Hierarchie von oben nach unten kaskadenartig verstärkten. Wer im Aufzug grüßte, galt als bedauernswerter Schwächling und weltfremdes Weichei. Die Abwesenheit von Tadel war die höchste Form der Anerkennung, und noch in den 1990er-Jahren wurde ein fulminanter Text vom Ressortleiter mit der Bemerkung »hübsch geworden« in die Sphären höchster Lobpreisung katapultiert. Was den Redakteuren blieb, war ein gut sechsstelliges Jahresgehalt, die Sauna im Keller und das Statusgefühl, Teil des »Sturmgeschützes der Demokratie« (Rudolf Augstein) zu sein, wenn auch nur als einfacher Infanterist mit gelegentlicher Ladehemmung.

Niemand wäre damals auf die Idee gekommen, für sich »Wertschätzung« zu erbitten, und sei es mit noch so vielen Trillerpfeifen. Heute ist es das oberste Gebot, von der Pflegekraft bis zur Balletttänzerin, vom Busfahrer bis zur Teilzeit-Kunstlehrerin auf Probe mit Burn-out-Perspektive. Ähnlich wie der »Respekt«, der meist von Leuten gefordert wird, die selbst vor nichts Respekt haben, repräsentiert die erbetene »Wertschätzung« eine Umkehrung der Verhältnisse.

Der »ehrbare Kaufmann«, der stolze Handwerker und der klassenbewusste Arbeiter, nicht zuletzt die deutschen, polnischen und türkischen Malocher unter Tage im Ruhrpott wussten selbst, was sie wert waren. Man nannte das Selbstbewusstsein. Das Gefühl, Anerkennung zu verdienen, kam aus der Tätigkeit selbst, die Sinn und Zweck hatte, Selbstbestätigung und Befriedigung bot. Und Gemeinschaft. Wer dagegen ständig klagt, zu wenig »wertgeschätzt« zu werden – von wem eigentlich genau? –, verrät einen Mangel an intrinsischer, also innerer Motivation. Exemplarisch dafür stehen die notorischen Influencer, die nichts ohne ihre »Follower« sind – die klassisch-narzisstische Konstellation in der Selfie-Epoche: Das dicke Make-up der Selbstbewunderung klebt an der Zahl der digitalen Beifallklatscher.

Und solange die Ampel-Regierung kein »Respekt-für-gute-Arbeit-Wertschätzungs-Gesetz« vorlegt, bleibt dem Müllwerker nur, zehn oder zwölf Prozent mehr Lohn zu fordern. Follower hat er keine außer der gelben Tonne, die er hinter sich herzieht.

Frau Bas wünscht sich was

Kaum hatte der Bundestag mit den Stimmen der Ampel-Koalition und gegen heftigen, aber erfolglosen Widerstand der Opposition eine Änderung des Bundeswahlgesetzes verschiedet, meldete sich die Präsidentin des Bundestages, Bärbel Bas, zu Wort. Diese Reform ginge nicht weit genug. Ihr »persönlicher Wunsch« sei es, »in dieser Wahlperiode noch ein Paket zum Wahlrecht zu schnüren«, das Wahlalter sollte auf 16 Jahre gesenkt und die Wahllisten der Parteien »paritätisch« besetzt werden, damit im Bundestag genauso viele Frauen wie Männer sitzen.

Nun ist der Bundestag nicht der Ort, an dem »persönliche Wünsche« wahr werden. Dafür gibt es, allein in Berlin, das KdW, das Artemis, die Grüne Woche, den Christopher Street Day, die Sonnenallee und das Columbia Bad, also mehr als genug Orte und Gelegenheiten, sich zu verwirklichen, jeder und jede nach seinem/ihrem Gusto.

Der Bundestag ist dazu da, Gesetze und Verordnungen zu beschließen, zum Beispiel das »Gute-Kita-Gesetz«, das »Klimaanpassungsgesetz«, die »Massenzuwanderungsrichtlinie« und das »Demokratiefördergesetz«, ein echter Kracher der Berliner Republik. Normalerweise ist es in Demokratien so, dass das Volk der Regierung Demokratie beibringt. Nur in Deutschland ist es umgekehrt. Die Regierung verpasst dem Volk Nachhilfe in Demokratie. Vielleicht ist es das, was Willy Brandt meinte, als er von »mehr Demokratie wagen!« sprach.

Was nun die »persönlichen Wünsche« der Bundestagspräsidentin angeht, so sind diese nicht wirklich neu. Über die Absenkung des Wahlalters von 18 auf 16 Jahre wird schon so lange diskutiert wie über ein bundesweites Abitur, das für mehr Prüfungsgerechtigkeit sorgen würde. Ein beliebtes Argument für Wahlrecht ab 16 ist: Es soll jungen Menschen die Gelegenheit geben, sich politisch zu engagieren. Dabei gibt es diese Gelegenheiten in Hülle und Fülle. Jugendliche unter 18 können den Jusos, den JuLis, der Jungen Union, der grünen Jugend, der Linksjugend, der Naturfreundejugend, der Arbeiter-Samariter-Jugend, der DGB-Jugend, der FKK-Jugend und dem Bund junger Naturisten beitreten; sie können bei Fridays for Future, bei der Letzten Generation, bei Extinction Rebellion mitmachen, lernen, wie man Baumhäuser baut und Straßensperren errichtet, den Verkehr lahmlegt und worauf es sonst noch im späteren Leben als Empfänger eines bedingungslosen Grundeinkommens ankommt.

Solche praktischen Erfahrungen sind mehr wert als das Recht, mit 16 wählen zu dürfen.

Bärbel Bas und ihre Freunde bei der SPD und den Grünen, die für eine Herabsetzung des Wahlalters plädieren, sind sich darüber im Klaren. Sie tun nur so, als wollten sie mehr Jugendliche »an Politik heranführen«. Sie gehen, vermutlich zu Recht, davon aus, dass junge Menschen eher dazu neigen, »progressive« Parteien zu wählen, die den Drogenkonsum legalisieren und die Work-Life-Balance zugunsten von Chillen und Surfen verschieben möchten, als die Schnarchnasen von der Union, die Philipp Amthor bei der Auswahl seiner Anzüge beraten. Es geht einfach darum, den Verfall der SPD durch die Anwerbung nachrückender Jahrgänge auszugleichen. Deswegen sollen auch die Einbürgerungsverfahren erleichtert und die Anforderungen an die Antragsteller gesenkt werden. Die »Schutzsuchenden« von heute sind die Wähler von morgen. Mögen sie nicht wissen, was den Bundesrat vom Bundestag unterscheidet oder wie der erste Kanzler der Bundesrepublik hieß, wichtig ist nur, dass sie nicht vergessen, wem sie die sozialen Wohltaten verdanken. Gerade jetzt, da die in migrantischen Kreisen sehr beliebte »Mama Merkel« nicht mehr im Amt ist.

Die »paritätische Besetzung« der Wahllisten – auch das müsste Bärbel Bas wissen – ist in zwei Ländern – Brandenburg und Thüringen – von den Parlamenten beschlossen und wenig später von den jeweiligen Landesverfassungsgerichten aufgehoben worden. Aber das ist noch nicht das Ende des Liedes von der Unzulänglichkeit menschlichen Strebens. Es fehlen noch ein paar Strophen, an denen gerade gearbeitet wird.

Der 2008 gegründete Verein »Neue Deutsche Medienmacher« setzt sich »für mehr Vielfalt im Journalismus« ein; die Mitglieder verstehen sich »als Interessenvertretung für Journalist:innen of Color und Medienschaffende mit Einwanderungsgeschichte«, sie streiten »für mehr Diversität in den Redaktionen und für guten Journalismus« und für »eine ausgewogene Berichterstattung, die das Einwanderungsland Deutschland adäquat wiedergibt«. Und weil man sich selbst nicht genug loben kann, kommen dieselben Blasen und Bläschen immer wieder zum Einsatz. Die Neuen Deutschen Medienmacher »wollen Medienschaffende of Color oder mit Einwanderungsbiografien empowern«, sie engagieren sich »für mehr diverses Medienpersonal und gegen Diskriminierung in den Redaktionen und bieten … Informationen und Handwerkszeug für Journalist:innen und Medienhäuser, die rassismusfrei berichten wollen«.

Was implizit bedeutet, dass dort, wo die Neuen Deutschen Medienmacher nicht präsent sind, die rassistisch unterlegte Berichterstattung der Normalfall ist. Und was Rassismus ist, bestimmen die Neuen Deutschen Medienmacher, die für ihre Bemühungen generös aus dem Etat des Projekts »Demokratie leben!« des Bundesministeriums für Familie, Senioren, Frauen und Jugend und anderen Bundesbehörden gefördert werden.

Die Neuen Deutschen Medienmacher wollen freilich nicht nur »Medienschaffende of Color oder mit Einwanderungsbiografien empowern«, sie wollen den öffentlich-rechtlichen Rundfunk vom Kopf auf die Beine stellen. Und sie haben dafür einen Plan, der sich so liest, als habe ihn ein Mensch mit Klaustrophobie nach einem längeren Aufenthalt in einer fensterlosen und schalldichten Gummizelle geschrieben. Kurze Zusammenfassung:

Der öffentlich-rechtliche Rundfunk müsse sich »erneuern, um dem kritischen Publikum und seinen veränderten Seh- und Hörgewohnheiten gerecht zu werden«. Er müsse »die vielfältige Migrationsgesellschaft« widerspiegeln und dabei für »gerechte Repräsentation« sorgen, denn: »Die Hälfte Frauen, fast ein Viertel mit Einwanderungsgeschichte, jede*r Zehnte mit Behinderung. So setzt sich die deutsche Gesellschaft zusammen.« In der »Welt der Redaktionen« sähe es aber anders aus. »Insbesondere in den Chefetagen dominieren nach wie vor weiße Männer ohne Einwanderungsgeschichte oder Behinderung.« Das hat Folgen. »Nach wie vor gestalten homogen besetzte Chefredaktionen die Programme für unsere vielfältige Gesellschaft: Nur 6 Prozent der Chefredakteur* innen deutscher Medien hatten 2020 sog. Migrationshintergrund.« Und behindert war wohl keine oder keiner.

Ich versuche, mir vorzustellen, wie es wäre, würde ich mich bei einem ÖR-Sender für einen Spitzenposten bewerben, als Chefredakteur, Programmdirektor oder Intendant. Der oder die für die Annahme von Bewerbungen zuständige Mitarbeitende würde sich meine Bewerbung ansehen und fragen: »Was qualifiziert Sie für diesen Job?« Und ich würde antworten: »Ich denke, dass ich die von den Neuen Deutschen Medienmachern geforderten Kriterien erfülle. Zwar wurde mir bei der Geburt das männliche Geschlecht zugewiesen, aber ich fühle mich eher als Frau. Ich habe einen hundertprozentigen Migrationshintergrund, bin zwar nicht im üblichen Sinn behindert, dafür aber jüdisch, und das ist genauso schlimm, wenn nicht schlimmer.«

Sollte ich dennoch den Job nicht bekommen, würde ich mich umgehend an die Unabhängige Antidiskriminierungsbeauftragte der Bundesregierung, Ferda Ataman, wenden.

Sie gehörte 2008 zu den Gründer:innen der Neuen Deutschen Medienmacher, stieg 2016 zur stellvertretenden Vorsitzenden des Vereins auf und wurde zwei Jahre später zur ersten Vorsitzenden gewählt. Ihren eigenen Migrationshintergrund als Tochter türkischer Einwanderer nutzte sie geschickt, indem sie ein Buch darüber schrieb, wie sehr es sie nerven würde, immer wieder gefragt zu werden, woher sie käme: *Ich bin von hier. Hört auf zu fragen!* Die Strategie erwies sich als zielführend. Im Juli 2022 wählte sie der Bundestag zur Antidiskriminierungsbeauftragten des Bundes.

Ferda Ataman ist nun voll integriert. Und sorgt dafür, dass es mit der Parität und der Repräsentanz weiblich gelesener Personen, Menschen mit Migrationshintergrund und Behinderungen vorangeht.

Herr Habeck vertritt deutsche Interessen

Nach seinem kurzen Besuch beim ukrainischen Energieminister Herman Haluschtschenko gab der für Wirtschaft und Klima zuständige deutsche Minister, Robert Habeck, dem Nachrichtensender WELT TV ein Interview, in dem er sagte: »Die Ukraine wird an der Atomkraft festhalten. Das ist völlig klar – und das ist auch in Ordnung, solange die Dinger sicher laufen. Sie sind ja gebaut.«

Kaum hatte Habeck diesen Satz ausgesprochen, fand er sich im Auge eines Shitstorms wieder, mit dem er offenbar nicht gerechnet hatte. Wie könne er so etwas sagen, und das ausgerechnet vor der unmittelbar bevorstehenden Abschaltung der letzten drei deutschen AKWs? Hatte er nicht immer den Ausstieg aus der Kernkraft gefordert zugunsten der Sonne, des Windes, des Wassers und anderer erneuerbarer und sicherer Energiequellen? Wie passte das zusammen – das Aus der friedlichen Nutzung der Kernkraft in Deutschland und die Empfehlung an die Ukrainer, an der Atomkraft festzuhalten, »solange die Dinge sicher laufen«? Erst wenige Tage zuvor hatte Habeck einmal mehr den Ausstieg aus der Kernenergie damit begründet, es handle sich um eine »Hochrisiko-Technologie«, von der man sich verabschieden müsse.

Gehören die ukrainischen AKWs nicht in den Bereich der »Hochrisiko-Technologie«? Werden die Brennstäbe nicht aus angereichertem Uran hergestellt, sondern aus Buchweizen und Kuhdung? Habeck, da waren sich die Kommentatoren einig, habe irrational und unverantwortlich gehandelt. Er hätte die Ukrainer auffordern müssen, dem deutschen Beispiel zu folgen und die AKWs abzuschalten, je früher, desto besser. Kernkraft überwindet Grenzen und kann von keiner Menschenkette gestoppt werden.

Allerdings, der deutsche Minister für Wirtschaft und Klima ist für die Wirtschaft und das Klima in Deutschland zuständig, nicht für die ukrainische Wirtschaft und das ukrainische Klima. Wäre er deutscher Minister für Bildung und Rechtschreibung, würde er sich um Bildung und Rechtschreibung in Deutschland kümmern, nicht in der Ukraine. Er käme auch nicht auf die Idee, den Ukrainern zu raten, das kyrillische Alphabet abzuschaffen und das lateinische einzuführen.

Habeck handelt rational und zweckgerichtet. Er hat deutsche Interessen im Sinn, und dazu gehört auch eine sichere Energieversorgung. Er weiß, dass es im Falle einer »Dunkelflaute« zu einer Mangellage kommen kann, wenn die Sonne nicht scheint, der Wind nicht weht und die AKWs keinen Strom mehr liefern, weil sie rückgebaut wurden – die deutschen AKWs, die zu den sichersten weltweit gehören. Für diesen Fall muss vorgesorgt werden. Deutschland hat bereits atomar generierten Strom aus Frankreich importiert und »dreckigen« Strom aus Polen, der nach Steinkohle roch, in das saubere deutsche Netz eingespeist. Wenn nötig, würde Deutschland auch Strom aus der Ukraine oder der Mongolei nehmen, egal, wie und woraus er hergestellt wurde.

Habeck deswegen Doppelmoral und Heuchelei vorzuwerfen geht voll an der Sache vorbei. Doppelmoral ist ein wichtiges Element der Politik. Es sind schon einige Politiker nächtens mit heruntergelassenen Hosen in einem Freudenhaus erwischt worden, die sich tagsüber für traditionelle Werte wie Familie, Treue und Verzicht einsetzten. Klimaschützer, die »privat« nach Thailand in die Ferien fliegen, werden auch nicht wegen praktizierter Doppelmoral verstoßen. Und kirchliche Würdenträger, die Kinder missbraucht haben, werden nicht einmal exkommuniziert.

Habecks Verhalten ist etwa so moralisch oder unmoralisch wie eine Politik, die »Brücken bauen« oder »Gesprächskanäle offenhalten« will – geprägt von nationalen Interessen. Habecks Losung lautet »Germany first!«, damit hat er sich einen Platz an der Seite von Olaf Scholz erkämpft. Der Platz ist ein Einfallstor ins Kanzler-amt. Und da gilt schon lange »Germany first«. Es heißt nur anders: »In enger Abstimmung mit unseren Freunden und Verbündeten!«

Was der Tagesschau wirklich wichtig ist

Am Sonntagabend, 19. März 2023 war die News in der Welt: Elin, 7 Jahre alt und im Rollstuhl sitzend, wird ab Herbst des Jahres – gut Ding will Weile haben – neue Bewohnerin der *Sesamstraße*. In einem knapp zweiminütigen Filmbericht der 20-Uhr-*Tagesschau*, für den gleich zwei Autoren verantwortlich zeichneten, wurde die Sensation verkündet: Auch das berühmte Puppenensemble mit Ernie und Bert soll nun »inklusiver« werden. Dazu kämen noch jede Menge Vielfalt und Toleranz, kurz: »ein Schritt zu mehr Diversität im Kinderfernsehen«. In unserer Kindheit fanden wir zwar schon die Augsburger Puppenkiste ebenso wie Lolek und Bolek aus Prag sehr bunt und lustig, aber was wussten wir damals in der gewerkschaftseigenen Sozialbausiedlung in Frankfurt-Eckenheim schon von Diversität? Nun sollten weitere mutige Schritte auf dem Weg zur totalen Inklusion folgen.

Obwohl der Anteil von jüdischen Menschen in Deutschland – nach dem Holocaust immerhin wieder 200 000 Leute – nur 0,25 Prozent beträgt und nicht rund 1,7 Prozent wie der Anteil behinderter Kinder in Deutschland, müsste ein Gideon, Moshe oder Aron in die Sesamstraße aufgenommen werden, der beschnitten ist, die Bar-Mizwa feiert und leckere Matzen für alle mitbringt. Natürlich käme auch ein Transmoslem mit tunesisch-pfälzischem Migrationshintergrund infrage. Ein ARD-*Brennpunkt* zu dieser historisch neuen Stufe von Vergangenheitsbewältigung, interkultureller Teilhabe und geschlechtersensibler Inklusion wäre garantiert.

Endgültig verblassen würde dagegen die legendäre *Tagesschau-*

Meldung vom 24. Februar 2004, der zufolge ein gewisser Daniel Küblböck in der Nähe seines niederbayerischen Heimatortes Eggenfelden mit einem Gurkenlaster zusammengestoßen war. Der damals verantwortliche *Tagesschau*-Chef, Kai Gniffke, hat den Unfall gut überstanden: Er ist heute Intendant des Südwestrundfunks und ARD-Vorsitzender, ein wahrer Kämpfer für die gute Sache, der sich auch angesichts des rbb-Skandals mit sensationell hohen »Ruhebezügen« ausgeschiedener Führungskräfte für eine weitere Erhöhung des Rundfunkbeitrags einsetzt. Vor seiner Fernsehkarriere studierte er 22 Semester lang Politikwissenschaft, Soziologie und Öffentliches Recht. Es hat sich gelohnt. Nun verdient er stolze 30 000 Euro im Monat, und bis heute ist die Prioritätensetzung der *Tagesschau* von wissenschaftlicher Akribie getragen. Nur das Wetter bleibt, wo es war: ganz am Ende, unberechenbar wie eh und je.

Dr. Montgomery und die Tyrannei der Ungeimpften

In einem Interview mit Gabor Steingarts Pioneer-Portal »über die Soziologie der Ampelkoalition und über den Umgang mit Impfgegnern« sagte der Soziologe Heinz Bude Anfang Dezember 2021 u. a. auch diesen Satz: »Klare Kante, klare Richtung: Impfgegner müssen fühlbar Nachteile haben. Und im Grunde, in gewisser Weise, kann man sich nicht länger mit denen beschäftigen. Das ist so. Die kann man nicht nach Madagaskar verfrachten.«

Zu diesem Zeitpunkt galt der von den Firmen BioNTech und Pfizer in Rekordzeit entwickelte Impfstoff als ein Allheilmittel gegen Corona. Er sollte Gesunde gegen das Virus immunisieren und bei Erkrankten für einen »milderen Verlauf« der Krankheit sorgen. Von möglichen Nebenwirkungen fantasierten nur »Impfgegner« und »Coronaleugner«. CSU-Generalsekretär Markus Blume meinte, »Impfen sollte zur patriotischen Selbstverständlichkeit werden«, der damalige Bundesgesundheitsminister Jens Spahn gab auf Twitter bekannt, Impfen sei »ein patriotischer Akt«, wer sich gegen Corona impfen lasse, schütze nicht nur sich selbst, sondern »uns als Gesellschaft«. Der »Präsident« des Weltärztebundes, Frank Ulrich Montgomery, ein Radiologe im Ruhestand, klagte bei Anne Will über die »Tyrannei der Ungeimpften«. Blume, Spahn und Montgomery waren nicht die Einzigen, die der Volksgesundheit zuliebe gerne »kurzen Prozess« mit den Ungeimpften gemacht hätten. Sie gaben der allgemeinen Stimmung nur ihre Stimme. Insofern lag Budes Empfehlung, Impfgegner müssten »fühlbare Nachteile« haben, voll im Zeitgeist. Wie kam der angesehene Soziologe aber darauf zu sagen, man könne die Impfgegner »nicht nach Madagaskar verfrachten«? Ein Satz, bei dem man das unausgesprochene Wörtchen »leider« deutlich mithören kann. Und warum ausgerechnet Madagaskar? Warum nicht Gotland, Bornholm, Island, Tasmanien oder Feuerland?

Nun, es gab schon einmal einen Plan, eine bestimmte Gattung von Volksschädlingen nach Madagaskar zu verfrachten. Schauen wir einfach bei Wikipedia nach:

Der sogenannte Madagaskarplan war eine vom nationalsozialistischen Regime Deutschlands zu Beginn des Zweiten Weltkriegs kurzzeitig verfolgte Erwägung, vier Millionen europäische Juden auf die vor der Ostküste Afrikas gelegene Insel Madagaskar, damals eine französische Kolonie, zu deportieren. Der Referatsleiter für »Judenfragen« im Auswärtigen Amt, Franz Rademacher, wurde beauftragt, »einen Plan zur Umsetzung der Deportationen nach Madagaskar zu erarbeiten«. Anfang Juli 1940 legte Rademacher seinen Plan der Reichsregierung vor. Madagaskar sollte eine »jüdische Wohnstätte unter deutscher Oberhoheit« werden, ein »Großghetto« für Millionen von Juden aus ganz Europa. Die Kosten der »Zwangsumsiedlung« sollten »aus dem jüdischen Vermögen der jeweiligen Heimatländer« beglichen werden.

Der Plan scheiterte aufgrund von Konkurrenzdenken innerhalb der NS-Bürokratie. Hitler erklärte die Causa zur Chefsache und sprach ein Machtwort: Die Juden sollten »nicht nach Madagaskar, sondern nach dem Osten abgeschoben werden«. Damit war die Option »Madagaskar« vom Tisch.

Aber eben nicht ganz, auf irgendeine vertrackte Art und Weise wirkt sie auch 80 Jahre später noch nach. Wie der Schatten einer Erinnerung, die sich in den Tiefen des Unterbewusstseins festgesetzt hat.

Wie kann so etwas passieren?

Eine Teilantwort auf diese Frage finden wir bei Rainer Werner Fassbinder. In seinem Stück *Der Müll, die Stadt und der Tod*, dessen geplante Uraufführung 1985 zu einem Skandal führte, lässt er den »Antisemiten« Hans von Gluck sagen: »Und Schuld hat der Jud, weil

er uns schuldig macht, denn er ist da. Wär' er geblieben, wo er her-
kam, oder hätten sie ihn vergast, ich könnte heute besser schlafen.
Sie haben vergessen, ihn zu vergasen. Das ist kein Witz, so denkt es
in mir.«

Diese Sätze wurden – so würde man es heute sagen – »anti-
semitisch gelesen«, als Beleg für Fassbinders eigenen versteckten
Antisemitismus. Nur: Fassbinder war vieles, ein Antisemit war er
nicht. Kein Judenhasser würde darüber reflektieren, wie »es« in ihm
denkt.

Er wüsste nicht einmal, dass er ein »Es« hat, das mit dem »Ich«
und dem »Über-Ich« asynchron agiert. Der Satz, den Fassbinder
Hans von Gluck sagen lässt, ist die theatralisch aufbereitete Übersetzung einer Sottise – »Die Deutschen werden den Juden Auschwitz
nie verzeihen« – des aus Wien stammenden israelischen Arztes und
Privatgelehrten Zvi Rix – ein Geistesblitz, der in wenigen Worten
das beschreibt, woran sich die Antisemitismusforscher erfolglos ab-
arbeiten: den Judenhass wegen Auschwitz. Und für den sind vor
allem die Angehörigen der denkenden Klassen anfällig. »Es« denkt
in ihnen, so wie »es« in Günter Grass dachte, als er »mit letzter
Tinte« den Satz zu Papier brachte, »die Atommacht Israel gefährdet
den ohnehin brüchigen Weltfrieden«.

Heinz Budes Sätzchen, man könne Impfgegner »nicht nach Madagaskar verfrachten«, ist dagegen ein harmloser Kalauer, zugleich
aber auch eine Offenbarung, die man sich wie eine Trüffelpraline
auf der Zunge zergehen lassen muss, um zu begreifen, was alles in
ihr steckt.

Herr Lauterbach – Gesundheits-
minister der Herzen

Bei der Berufung von Karl Lauterbach zum Bundesminister für Gesundheit sagte Olaf Scholz: »Für mich ist es ganz wichtig, dass wir dann natürlich auch im Blick haben, dass die Pandemie noch lange nicht vorbei ist. Deshalb haben sich, anders kann man das gar nicht sagen, die meisten Bürgerinnen und Bürger des Landes gewünscht, dass der nächste Gesundheitsminister vom Fach ist, dass er das wirklich gut kann und dass er Karl Lauterbach heißt. Er wird es!«

Ja, das war auch mein Eindruck in den Tagen vor der Regierungsbildung. Wo ich auch hinkam – in der »Grünen Lampe« in der Uhlandstraße, im »Wiener Kaffeehaus« am Hagenplatz, im »Hühnerwald-Imbiss« am Ku'damm, wurde ich gefragt, ob »der Lauterbach« Gesundheitsminister wird, als wäre ich derjenige, der darüber entscheiden könnte. Sogar mein Urologe wollte es wissen, bevor er sich meiner Prostata zuwandte.

Insofern war es für mich keine Überraschung, als Olaf Scholz bekannt gab, die meisten Bürgerinnen und Bürger des Landes würden sich Karl Lauterbach als Gesundheitsminister wünschen. Wobei ich es gut gefunden hätte, wenn diese Tatsache statistisch etwas genauer unterlegt worden wäre. Waren es ebenso viele Männer wie Frauen? War der Anteil der Frauen vielleicht größer als der Anteil der Männer? Könnte es sein, dass Lauterbach Beschützerinstinkte weckt, die Männern eher fremd sind?

Egal, Scholz weiß, was er tut, und wenn er sagt, die meisten Bürgerinnen und Bürger des Landes hätten sich Karl Lauterbach als Gesundheitsminister gewünscht, dann wird es auch so sein. Wir können es nicht ausschließen, dass auch andere Minister und Ministerinnen ihre Ernennung dem Volkswillen verdanken. Frau Lambrecht als Verteidigungsministerin, Frau Faeser als Ministerin für Inneres und Heimat, Herr Buschmann als Justizminister, Frau Geywitz als Ministerin für Wohnen, Stadtentwicklung und Bauwesen. Obwohl niemand von diesen über ein ähnlich starkes Charisma verfügt wie Karl Lauterbach und keiner so Twitter-affin ist wie er.

Im August 2021, als es darum ging, die Impfkampagne auf Touren zu bringen, klagte Prof. Lauterbach darüber, dass »eine Minderheit der Gesellschaft eine nebenwirkungsfreie Impfung nicht will, obwohl sie gratis ist und ihr Leben und das vieler anderer retten kann«. Dabei müsste ihm als prototypischem Rheinländer die rheinische Weisheit: »Wat nix kost', das is auch nix« bekannt sein. Die empirisch unhaltbare Behauptung, die Impfung sei »nebenwirkungsfrei«, wiederholte er bei jeder Gelegenheit und aus jedem Anlass. Diejenigen, »die sich nicht impfen lassen wollen«, bezeichnete er als »Opfer der schäbigen Desinformation in den sozialen Medien«, wobei man Lauterbach zugutehalten muss, dass auch andere Experten ähnliche Ansichten vertraten, u. a. der bayerische Ministerpräsident Söder (»Es handelt sich um eine Pandemie der Ungeimpften …«), der Radiologe und »Präsident« des Weltärztebundes Montgomery (»Momentan erleben wir eine Tyrannei der Ungeimpften …«) und auch Olaf Scholz, der die »Versuchskaninchen« dazu aufrief, sich impfen zu lassen. Erst als sogar die ARD und das ZDF über schwere Folgen der Anti-Corona-Impfung berichteten, drehte Lauterbach ein wenig bei und erklärte unter Berufung auf Studien des Paul-Ehrlich-Instituts und der europäischen Zulassungsbehörde, es gebe zwar »schwere Impfschäden«, aber nur »in der Größenordnung von weniger als 1 zu 10 000«. Dumm war nur, dass das von Lauterbach erwähnte Paul-Ehrlich-Institut keine Impfschäden erfasst, was der Präsident des PEI, Klaus Cichutek, umgehend klarstellte. Die Feststellung von Impfschäden sei »keine Beurteilung, die das Paul-Ehrlich-Institut vornimmt«.

Für einen Mathematiker, der etwas von Statistik versteht, wäre es der Moment gewesen, um aufzustehen und Lauterbach zu erklären, was 1 zu 10 000 bedeutet, an einem einfachen Beispiel, das jeder Schüler einer Bremer Gesamtschule verstehen würde.

Im Jahresdurchschnitt gibt es in Deutschland jeden Tag etwa 8000 Flüge, an manchen Tagen mehr, an anderen weniger. Das bedeutet, es gibt etwa die doppelte Anzahl von Starts und Landungen. Und wie wir alle wissen, sind das die Minuten, auf die es ankommt. Nur selten fällt ein Flugzeug vom Himmel oder verschwindet spurlos in den Weiten der Weltmeere, fast alle Unfälle passieren beim Start oder bei der Landung.

Wenn nun jeden Tag ein Flugzeug verunglücken würde, könnte ein Vertreter der Luftfahrtindustrie darauf hinweisen, dass die Wahrscheinlichkeit für einen solchen Fall bei 1 zu 8000 oder – wenn man die Starts und die Landungen als Bezugsgröße nimmt – bei 1 zu 16 000 läge, also weit unter einem Promille. Nur: Wer würde sich dann noch trauen, ein Flugzeug zu besteigen? Käme irgendjemand auf die Idee zu behaupten, das Risiko sei so minimal, dass es vernachlässigt werden kann? Ungefähr so wie ein Migräneanfall in 20 Jahren?

Kein Mensch würde es tun, außer Karl Lauterbach, den sich die Mehrheit der Bürgerinnen und Bürger des Landes als Gesundheitsminister gewünscht hat.

Politik, kinderleicht serviert

Am Anfang war der »Wumms«, dem alsbald der »Doppel-Wumms« folgte. Es fehlte nur noch »Peng, Peng« und »Krawumm« – Loriots »Krawehl, Krawehl!« ist nur was für feuilletonistische Feinschmecker. Sprachliche Holzklötzchen, die eine Stärke signalisieren sollen, die die eigene Autorität nicht hergibt. Man kennt das vom Schulhof, wenn die »Halbstarken« von heute, die man keinesfalls »kleine Paschas« nennen sollte, sich »Respekt!« verschaffen wollen nach dem Motto: »Hast du Problem?! Kriegst du Problem!«

Wie von selbst schlossen sich Gaspreisbremse, Mietendeckel und Rettungsschirme aller Art an. Bremse, Deckel, Schirm – darunter können sich auch Achtjährige etwas Handfestes vorstellen. Und klar, in der bunten Bullerbü-Republik wird niemand zurückgelassen, schon gar nicht Kinder, der Reichtum unserer Zukunft, die wir von ihnen ja nur geleast haben: Bremse angezogen, Deckel drauf und Schirm darüber. Misslich nur, dass inzwischen ein Großteil der Kleinen nicht mehr richtig lesen und schreiben lernt und viele ohne jeden Abschluss die Schule verlassen. »Dass die Kindernachrichtensendung *Logo* vor allem von Erwachsenen gesehen wird, spricht Bände«, stellte der ehemalige ZDF-Chefredakteur Peter Frey jüngst nüchtern fest.

Ob da des Kanzlers Lieblingswort vom »Unterhaken« hilft? Es stammt zwar aus Zeiten der alten Arbeiterbewegung, als die Männer noch Schwielen an den Händen hatten und zu Bier und Korn filterlose Zigaretten rauchten, liefert aber immer noch ein ebenso einfaches wie eindrückliches Bild von »Solidarität«: Gemeinsam schaffen wir das. Das Problem besteht jedoch darin, dass die Lebenswelten der verschiedenen sozialen Schichten so weit auseinanderliegen, dass selbst der stärkste Arm den des Schwächeren gar nicht erreichen kann, weil der in einem ganz anderen Stadtteil wohnt und sich kein Lastenfahrrad Babboe City-E für 3349 Euro leisten kann, um den kleinen Paul-Matteo zum Yoga-Unterricht zu bringen.

Kostenfrei dagegen ist die unmittelbar kindgerechte Ansprache auf dem »Regenbogenportal« des Bundesfamilienministeriums. Dort werden die lieben Bürgerinnen und Bürger nach Art der *Sendung mit der Maus* mit den großen Fragen unserer Zeit konfrontiert, allen voran mit dieser: »Bin ich transgeschlechtlich?«

Wer sonst außer der Bundesregierung sollte da Bescheid wissen. Mehr noch: Sie fühlt in erster Person mit: »Woher weiß ich das? Nimm dir Zeit. Probiere es aus. Fühlst du dich als Mädchen wohler? Oder fühlst du dich als Junge wohler? Wichtig ist: Es soll dir jetzt gut gehen. Wie du in zehn Jahren leben wirst, ist egal. Als Mann? Als Frau? Das musst du im Moment noch nicht entscheiden. Muss ich entweder Junge oder Mädchen sein? Nein, du musst dich nicht entscheiden. Viele Menschen sind nicht nur Mann. Und nicht nur Frau. Man kann auch beides sein.«

Das ist das Schöne an dieser Ampel-Politik: Man muss sich nicht entscheiden, man kann alles sein und alles wollen: gutes Klima, gute Arbeit, gute Löhne, gutes Essen, gutes Leben und ein gutes Gefühl, wenn man sich bei der Geschlechtszugehörigkeit nicht festlegen muss. Wie im Swingerklub: alles kann, nichts muss. Das einzige Problem ist die Wirklichkeit, wo die Dinge unschön aufeinandertreffen.

Dann allerdings kann man immer noch »ein Zeichen setzen« und eine »tragfähige Lösung« finden, die auch das Rentensystem »zukunftsfest« macht, während der »Hochlauf der Elektromobilität« schon in trockenen Tüchern ist (ganz schlechtes Sprachbild!), ein Musterfall der »Freiheitsenergien«, mit der Deutschland den »menschengemachten Klimawandel« praktisch im Alleingang »aufhalten« will. Dabei »leisten wir schon enorm viel«, wobei »deutlich gemacht« werden muss, dass wir »mehr Geld in die Hand nehmen müssen«, um die »Menschen draußen mitzunehmen«, und das natürlich im rasanten »neuen Deutschland-Tempo«, wie der Kanzler auch nach einem 49 Stunden lang tagenden Koalitionsausschuss nicht müde wird zu betonen, was uns daran erinnert, dass er die grandios gescheiterte Kabinettskollegin Christine Lambrecht nach einem quälend langen Jahr voll irritierender Peinlichkeiten noch kurz vor ihrem Rücktritt als »erstklassige Verteidigungsministerin« bezeichnet hatte.

Wir sehen: Loriot lebt! Unvergänglich seine legendäre Bundestagsrede, die im Kern die zentralen Grundsätze politischer Rhetorik in Germanistan ungeschminkt und schonungslos auf den Punkt bringt:

»Meine Damen und Herren! Politik bedeutet, und davon sollte man ausgehen, das ist doch, ohne darum herumzureden, in Anbetracht der Situation, in der wir uns befinden. Ich kann meinen politischen Standpunkt in wenigen Worten zusammenfassen: erstens das Selbstverständnis unter der Voraussetzung, zweitens, und das ist es, was wir unseren Wählern schuldig sind, drittens die konzentrierte Beinhaltung als Kernstück eines zukunftweisenden Parteiprogramms.«

Wer braucht da noch eine Zeitenwende?

Mühldorf: Keine Befüllung durch Unbefugte

Das Landratsamt von Mühldorf am Inn in Oberbayern ist auch für die Müllabfuhr im Landkreis zuständig. Für den Service gibt es Gebühren und Regeln, die von den Besitzern der Grundstücke eingehalten werden müssen. Andernfalls werden sie abgemahnt. Das liest sich so:

»Sehr geehrte Kundin, sehr geehrter Kunde, leider werden immer wieder überfüllte Restmülltonnen zur Leerung bereitgestellt. Dies verursacht eine Reihe von Problemen (Müll auf der Straße, Sicherheitsrisiko für die Müllfahrer, Ungeziefer und Geruchsbelästigung, Beeinträchtigung des Ortsbildes usw.).«

Außerdem verstoße »die Bereitstellung der überfüllten Tonnen gegen die Gebührengerechtigkeit und benachteilig die Nutzer der Abfallentsorgung, die ihren Bedarf ordnungsgemäß melden und die Tonnen rechtzeitig zur Entleerung bereitstellen oder größere Tonnen haben«.

»Nicht umsonst« schreibe »§ 15 Abs. 4 der Abfallwirtschaftssatzung des Landkreises Mühldorf a. Inn« vor, »dass der Deckel der Tonne stets geschlossen sein muss«.

Leider habe man im Landratsamt Mühldorf feststellen müssen, dass »es in den letzten Monaten auch auf Ihrem Grundstück zu Überfüllungen« kam, »im Einzelnen« am 22.9.2022, 1.12.2022, 12.1.2023, 9.2.2023 und 23.2.2023. Damit in Zukunft »nur noch ordnungsgemäß befüllt(e) Tonnen zur Leerung bereitgestellt werden«, gebe es »verschiedene Möglichkeiten«: »Müll vermeiden, Tonne öfter bereitstellen, für einmalig mehr Müll einen Restmüll-

42

sack kaufen, größere Tonne beantragen« und schließlich, »um eine Befüllung durch Unbefugte auszuschließen, Tonne mit Schloss beantragen«, wobei einmalig »44,00 Euro pro Restmülltonne« fällig würden.

Das Landratsamt erwarte »zum jetzigen Zeitpunkt keine Rückantwort«, bitte aber »um Verständnis dafür, dass wir aus den o. g. Gründen Verstößen in Zukunft verstärkt nachgehen werden«.

In diesem Schreiben entblößt sich das Dilemma der deutschen Bürokratie, die nichts ungeregelt und dem Urteilsvermögen des Bürgers überlassen kann. Wer sicherstellen will, dass seine Mülltonne abgeholt wird, sollte darauf achten, »dass der Deckel der Tonne stets geschlossen sein muss«, so fest, dass zwischen Tonne und Deckel kein Bierdeckel passt. Sonst wird die Tonne nicht geleert, ungeachtet der damit verbundenen Folgen. Soll heißen: Wenn demnächst Ungeziefer um die Tonne tanzt und das Ortsbild verschandelt wird, dann sind die sehr geehrte Kundin und der sehr geehrte Kunde dafür verantwortlich – und nicht die Müllabfuhr, die nebenbei einen erzieherischen Auftrag vollstreckt.

Wer immer diese Mitteilung verfasst und verschickt hat, muss ein historisches Vorbild im Sinn gehabt haben – Ritter, die in die weite Ferne oder nur zu einem Turnier im benachbarten Sprengel aufbrachen und vor der Abreise ihren Frauen »Keuschheitsgürtel« anlegten, um eine »Befüllung durch Unbefugte« auszuschließen. Vom Keuschheitsgürtel zur abschließbaren Mülltonne ist es nicht weit. Gäbe es eine Zeitmaschine, wäre die Transition eine Angelegenheit von Millisekunden.

Die Ausdauer und die Begeisterung, mit der in Deutschland der Müll entsorgt und getrennt wird, ist eines der letzten Alleinstellungsmerkmale des Landes. Der Umgang mit dem Müll ist Gradmesser dafür, wie ernst man die Rettung der Welt nimmt.

Deswegen werden Menschen, die in Lüdenscheid, Xanten oder Warnemünde leben, jeden Tag daran erinnert, dass die Weltmeere »vermüllen«, weil »wir« noch immer Einwegbecher und Einweglöffel aus Plastik benutzen, die eine Million Jahre brauchen, um sich zu zersetzen. Von der ökologischen Problematik einmal abgesehen, wird so immerhin der Traum vom ewigen Leben wahr. Lange nachdem wir vergangen sind, werden einige Nanopartikel Plastik davon zeugen, dass es uns einmal gegeben hat. Deutschland war mal ein Hightech-Land. In Deutschland wurde der Buchdruck erfunden, das Auto, die Glühbirne, das Telefon, die Relativitätstheorie und der Haribo-Goldbär. Sobald die Energiewende, die Verkehrswende und die Mobilitätswende vollendet sind, wird nichts mehr daran erinnern, und Namen wie AEG, Telefunken, Siemens und Krupp werden in einer Reihe mit Etruskern, Hethitern, Nabatäern und Zimbern stehen.

Auf den Autobahnen werden wieder Kühe grasen, in den Katakomben unter dem Stuttgart-21-Bahnhof Fledermäuse fliegen und auf dem Gelände des Berliner Flughafens bunte Papierdrachen in den von allen Schadstoffen befreiten Himmel aufsteigen. Deutschland wird konsequent rückgebaut, um das Ziel der Klimaneutralität wie geplant zu erreichen.

Nur im Landratsamt von Mühldorf am Inn in Oberbayern wird sich kaum etwas ändern. Dank einer Beschäftigungsgarantie bis zum Jahre 2050 werden die Mitarbeiter weiter ihre Jobs machen, obwohl es nur noch Biomüll gibt, der kompostiert werden kann. Deswegen muss, der Gebührengerechtigkeit zuliebe, eine neue Gebührenordnung erarbeitet werden. Diese soll an dem Tag in Kraft treten, an dem Deutschland sich für klimaneutral erklärt, zu 100 Prozent, alles darunter wäre inakzeptabel.

Herr Schuster ruft eine Bildungsoffensive aus

Die *Jüdische Allgemeine Wochenzeitung,* das offizielle Organ des Zentralrates der Juden in Deutschland, berichtet, der Präsident des Zentralrates, Josef Schuster, habe »eine Bildungsoffensive gegen ein erneutes Erstarken des Antisemitismus in Deutschland« gefordert. Anlässlich einer Gedenkfeier zum 80. Jahrestag des Aufstandes im Warschauer Getto gab Schuster dem Nachrichtensender Phoenix ein Interview, in dem er sich zum aktuellen Stand des Antisemitismus in der Bundesrepublik äußerte. »Es ist eine Enthemmung, die wir beobachten. Hier gibt es nur eine Lösung: Bildung, Bildung, Bildung. Diese Bildung muss im Kleinkindalter beginnen und sich über die Schulzeit erstrecken.« Es sei wichtig, »mit entsprechender Empathie Kinder und Jugendliche hier von vorneherein immun zu machen«.

In diesen wenigen Sätzen steckt mehr drin, als man auf den ersten Blick erkennt. Wie bei einem Eisberg, der zu einem Zehntel aus dem Wasser ragt. Die Forderung nach einer »Bildungsoffensive« ist fester Bestandteil aller Politikerreden und Wahlkampagnen, jeder zweiten Bundestagsdebatte und ein gefühlt tragender Gedanke jedes dritten Kommentars in den *Tagesthemen.* Und das seit 1964, dem Erscheinungsjahr des Buches *Die deutsche Bildungskatastrophe* von Georg Picht. Ganz am Anfang der Streitschrift steht der Satz: »Eines der tragenden Fundamente jedes modernen Staates ist sein Bildungswesen.« Eine Binse wie »Die Würde des Menschen ist unantastbar«, »Eigentum verpflichtet« oder »Es gibt keinen Planeten B«.

Neu an Schusters Idee einer »Bildungsoffensive« ist ihre Partikularität. Das anti-antisemitische Curriculum soll schon »im Klein-kindalter beginnen und sich über die Schulzeit erstrecken«, also von der Kita bis zum Abitur.

Würde ein – sagen wir – Physiklehrer vorschlagen, mit der Ver-mittlung der Quanten- und der Relativitätstheorie im Kleinkind-alter zu beginnen, müsste er um seine Pension bangen. Josef Schus-ter ist aber kein Lehrer, er ist Mediziner, Facharzt für Darm- und Magenleiden. Wenn er nun von einer »Enthemmung« spricht, der man nur mit »Bildung, Bildung, Bildung« beikommen könnte, dann irrt er sich, und zwar so gründlich, als würde er einem an Gastritis erkrankten Patienten ein Mittel gegen Angina tonsillaris ver-schreiben.

August Bebel, einer der Urväter der deutschen Sozialdemo-kratie, soll mal gesagt haben: »Der Antisemitismus ist der Sozialis-mus der dummen Kerls.« Das klingt gut, stimmt aber nicht. Martin Luther war kein dummer Kerl, Richard Wagner auch nicht. Die Wegbereiter des modernen Antisemitismus waren allesamt ge-bildete Leute. Der Historiker Heinrich von Treitschke (»Die Juden sind unser Unglück«), der Journalist Wilhelm Marr, der den Begriff »Antisemitismus« geprägt und über den »Sieg des Judenthums über das Germanenthum« fantasiert hat, der Hofprediger Adolf Stoecker, der den »verjudeten« Kapitalismus abschaffen wollte, der Wiener Bürgermeister und Gründer der Christsozialen Partei (CS) in Österreich, Karl Lueger, der sauber zwischen »Geldjuden«, »Betteljuden« und »Tintenjuden« (Journalisten) differenzierte und »die Befreiung des christlichen Volkes aus der Vorherrschaft des Judentums« anstrebte.

Das waren keine »dummen Kerls«, sondern gebildete Menschen, die Literatur und Musik liebten und großen Wert auf gutes Be-nehmen legten. Wie später Joseph Goebbels; er studierte Germanis-tik und Geschichte in Bonn, Freiburg, Würzburg, München und Heidelberg und wurde 1922 zum Dr. phil. promoviert, wenn auch nur mit der Gesamtnote »rite«, was so viel wie »gerade eben noch ausreichend« bedeutet. Heute, 100 Bildungsjahre später, wäre das ein Summa cum laude. Oder Adolf Eichmann, der Architekt der

»Endlösung«; um das Judentum besser verstehen zu können, soll er versucht haben, Hebräisch zu lernen, im Selbstunterricht. Aber das kann auch nur ein Gerücht sein.

Tatsache dagegen ist, dass Bildung vieles vermag, nur nicht Ressentiments aus dem Weg zu räumen. Wäre dies der Fall, hätte die Einführung der allgemeinen Schulpflicht das Ende jeder »gruppenbezogenen Menschenfeindlichkeit« nach sich gezogen. Antisemitismus als Weltanschauung ist eine Art Warenhaus, das jedem etwas bietet. So war es auch im Dritten Reich. Die einfachen Gemüter lasen den *Stürmer,* die Angehörigen der gebildeten Stände *Das Reich,* eine Sonntagszeitung, die sich »durch eine besondere journalistische Qualität, einen hohen Informationsgehalt und eine umfassende Berichterstattung« (Wikipedia) zu allen aktuellen Themen auszeichnete. Es war nicht alles böse und brutal im Dritten Reich, Hausmusik beispielsweise erfreute sich großer Beliebtheit.

Wenn Josef Schuster, der Präsident des Zentralrates der Juden in Deutschland, das Antisemitismus-Problem durch Bildung, mehr Bildung und noch mehr Bildung lösen möchte, dann wäre es hilfreich, wenn er zuerst erklären würde, warum die vielen bisherigen Bildungsmaßnahmen versagt haben. Die zahllosen Dokumentationen und Serien über das Dritte Reich, seine Diener, Helfer und Mitläufer; die Gedenkfeiern zum Jahrestag der »Reichskristallnacht«, der Befreiung von Auschwitz und des Aufstandes im Warschauer Getto; die Auftritte der Zeitzeugen in Schulen und anderen Bildungsstätten; die Klassenfahrten nach Auschwitz, Buchenwald und Theresienstadt; die Verlegung der »Stolpersteine« (mehr als 10 000 allein in Berlin), der Bau des Berliner Holocaust-Mahnmals – und was sonst noch in den vergangenen Jahren und Jahrzehnten »gegen das Vergessen« unternommen wurde. War alles für die Katz? Haben die pädagogischen Angebote nichts genutzt? Waren sie womöglich kontraproduktiv?

Und woher kommt die »Enthemmung«, die »wir« heute beobachten?

Ich weiß es, Josef Schuster weiß es, alle wissen es. Es ist der berühmte weiße Elefant im Raum, den alle sehen, aber keiner bemerken will: die Zuwanderung aus Ländern mit einer ausgeprägten antisemitischen Kultur.

Karl Lagerfeld hat das Problem in wenigen Worten auf den Punkt gebracht: »Selbst wenn Jahrzehnte dazwischenliegen, kann man nicht Millionen Juden töten und später dann Millionen ihrer schlimmsten Feinde (ins Land) holen.«

Nicht, dass es vor der großen Grenzöffnung, die eigentlich eine unterlassene Grenzschließung war, keinen Antisemitismus in Deutschland gegeben hätte. Ich sage nur »Möllemann und die FDP« und erinnere an den Frankfurter Theater-Intendanten, der das »Ende der Schonzeit« für Juden verkündete. Aber das waren noch idyllische Zeiten verglichen mit dem, was sich heute auf den Straßen abspielt. Wenn in Kreuzberg oder in Neukölln der grüne Mob für die Befreiung Palästinas von der zionistischen Besatzung demonstriert und dabei »Tod Israel« und »Tod den Juden!« schreit, dann tritt ein Politiker nach dem anderen vor die Mikrofone und sagt, für Judenhass dürfe es in Deutschland »keinen Platz geben«; wer sich nicht daran halte, der bekäme »die ganze Härte des Gesetzes« zu spüren. Und das ist schon alles – viel mehr passiert nicht, außer dass »Ermittlungen« eingeleitet und wieder eingestellt werden, weil es in der Tat schwierig ist, die »Täter« zu identifizieren.

Ab und zu meldet sich einer der zwei Dutzend Antisemitismus-Beauftragten zu Wort und schlägt vor, mehr »Präventionsarbeit« zu leisten, also in den Erziehungsprozess einzugreifen, bevor die ersten Symptome eines Fehlverhaltens erkennbar werden.

So etwa muss es der Vorsitzende des Zentralrates der Juden gemeint haben, als er eine »Bildungsoffensive gegen ein erneutes Erstarken des Antisemitismus in Deutschland« vorschlug, die »im Kleinkindalter beginnen und sich über die Schulzeit erstrecken« müsste, ohne darüber nachzudenken, dass es bereits heute nicht genug Lehrer gibt, um den Kindern Lesen, Schreiben und Rechnen beizubringen. Woher sollen die pädagogischen Fachkräfte kommen, dazu solche, die mental und physisch resilient genug sind, um vor Klassen aufzutreten, in denen Deutsch die erste Fremdsprache ist?

Die Idee, mit der Immuntherapie im Kleinkindalter anzufangen, könnte sich zudem als Rohrkrepierer erweisen. Wenn man Kindern, die für die *Sendung mit der Maus* noch unreif sind, erklärt, dass die Juden Jesus nicht umgebracht haben, dass sie keine Betrüger, Blutsauger oder Parasiten sind, die auf Kosten anderer Menschen leben, wenn man das den Kindern so sagen würde, um sie gegen antisemitische Einflüsterungen zu immunisieren, dann könnte es doch passieren, dass sie genau auf die Gedanken kommen, deren Entstehung man proaktiv verhindern möchte. So wie man einen jungen Menschen nur lange genug vor dem Genuss von Drogen warnen muss, um ihn auf die Idee zu bringen, selbst auszuprobieren, wie gefährlich ein Joint ist.

Doch es war ja nur ein unverbindlicher Vorschlag, ein Anstoß, um ein Nachdenken über die Zukunft der Bildung in Gang zu setzen. Irgendwo muss man ja anfangen, wenn man etwas ändern will. Und dazu braucht der Mensch vor allem eines: Geduld, Geduld, Geduld!

Da wir gerade über Experten sprechen: Die grüne Bundestagsabgeordnete und Vizepräsidentin des Bundestages, Katrin Göring-Eckardt, »erwartet trotz des Atomausstiegs perspektivisch sinkende Strompreise«. In einem Interview mit dem MDR sagte sie: »Der Strompreis wird natürlich günstiger werden, je mehr Erneuerbare wir haben«, denn: »Wind und Sonne, die kriegen wir immer zum Nulltarif. Da brauchen wir die Anlagen und die Netze, und deswegen ist das das Entscheidende.« Atomkraft dagegen sei »teuer, sowohl in der Herstellung, in der Produktion, als auch danach«.

Was ist es, das Katrin Göring-Eckardt zu einer solchen Aussage qualifiziert? Vermutlich ein abgebrochenes Studium der evangelischen Theologie an der Karl-Marx-Universität Leipzig. Möglicherweise auch die Lektüre des Buches *Die Sonne schickt uns keine Rechnung*, eines »programmatischen Klassikers und Weltbestsellers« von Franz Alt, 1994 erschienen. Auch Alt war (und ist immer noch) der Meinung, Sonnenenergie gäbe es zum Nulltarif, als müssten keine Anlagen gebaut werden, um das Sonnenlicht aufzufangen und in gesunde Energie umzuwandeln, wie es die DDR-Band »Karat«

schon vor über 20 Jahren gesungen hat: »Lass das Licht herein unter deine Haut, denn keiner lebt allein, lass das Licht herein unter deine Haut, und du wirst unverwundbar sein.«

Andererseits: Die Vorhersagen von Katrin Göring-Eckardt haben sich als verlässlich erwiesen. Im November 2015 rief sie den Delegierten eines grünen Parteitages zu:

»Wir reden darüber, wie unser Land in 20, in 30 Jahren aussieht. Es wird jünger werden. Ja, wie großartig ist das denn? Es wird bunter werden! Ja, wie wunderbar ist das? Das haben wir uns immer gewünscht. Wahrscheinlich wird es auch religiöser werden. Unser Land wird sich ändern, und zwar drastisch. Und ich sage euch eines: Ich freue mich darauf!«

Es hat noch nicht mal zehn Jahre gedauert, und »unser Land« ist tatsächlich jünger, bunter und auch religiöser geworden, mit allem, was dazugehört. Wenn nur die Sonne etwas öfter scheinen würde, wäre es der perfekte Ort für ein erfülltes, klimaneutrales und perspektivisch nachhaltiges Leben.

Henrike will es wissen

Wir erwarten in Kürze unser zweites Enkelkind und sind entsprechend aufgeregt. Und natürlich werden wir von Bekannten, Freunden und Verwandten gefragt:»Was wird es denn, Mädchen oder Junge?« Und wenn ich dann antworte:»Ich bin dagegen, dem Kind bei der Geburt ein Geschlecht zuzuschreiben; ich finde, es sollte selbst entscheiden, ob es Junge oder Mädchen sein möchte, so wie ein Kind ab 14 Jahren religionsmündig wird und seine ›Religionszugehörigkeit‹ selbst bestimmen kann: als Katholik, Protestant, Muslim, Jude, Hindu, Buddhist, Bahai, Zoroaster, Zeuge Jehovas, Druse, Jeside, Macumba, Rastafari, Hoodoo, Voodoo und alles dazwischen, zum Beispiel Frutarier und Veganer.«

Ja, viele Wege führen zu Gott, und ähnlich verhält es sich mit der geschlechtlichen Zugehörigkeit. Was unser zweites Enkelkind angeht, konnte ich mich mit meiner Meinung nicht durchsetzen. Aufgrund einer Ultraschallaufnahme entschieden die Eltern, dass es ein Mädchen werden soll. Wogegen ich überhaupt nichts habe, außer dass diese Entscheidung das Recht des Kindes auf geschlechtliche Selbstbestimmung ignoriert.

Die Sache hat natürlich noch eine andere, viel größere Dimension, sozusagen eine gesamtgesellschaftliche.

Das seit 1981 geltende »Transsexuellengesetz« soll demnächst durch ein »Selbstbestimmungsgesetz« ersetzt werden. Das ist ein ganz normaler Vorgang. Gesetze müssen von Zeit zu Zeit der Lebenswirklichkeit angepasst werden, nicht umgekehrt. Der »Kranzgeldparagraph« 1300 des BGB, wonach eine »unbescholtene Verlobte«, die ihrem Verlobten »die Beiwohnung« gestattet hat, eine »Entschädigung in Geld« verlangen konnte, »wenn es nicht zur Heirat kam«, wurde längst abgeschafft. Auch Eltern, »die ihren Kindern den Kontakt mit ihren möglichen Sexualpartnern im elterlichen Haus erlaubten«, müssen nicht mehr befürchten, wegen »Kuppelei« belangt zu werden. So gesehen ist nichts dagegen einzuwenden, dass auch das »Transsexuellengesetz« aus dem Jahre 1981 überholt wird.

Wer wissen will, worum es dabei im Einzelnen geht, dem möchte ich das »Hintergrundpapier zum Recht auf Selbstbestimmung« empfehlen, das der Deutsche Frauenrat erarbeitet hat. Darin wird ausführlich erklärt, was Transgeschlechtlichkeit ist (»Trans* Personen identifizieren sich nicht mit dem Geschlecht, das ihnen bei der Geburt zugewiesen wurde«), warum das alte Transsexuellengesetz diskriminierend ist – u. a. deswegen, weil »die Antragstellenden mitunter sehr intime und grenzüberschreitende Fragen beantworten« müssen, weil das »Begutachtungsverfahren« lange dauert, im Durchschnitt 9,3 Monate, und teuer ist, »durchschnittlich 1.868 € pro Verfahren, die entweder die antragstellende Person oder im Falle von Verfahrenskostenhilfe die Justizkasse tragen muss«. Alles in allem handelt es sich um »ganz erhebliche Eingriffe in Grund- und Menschenrechte …, die vom Grundgesetz geschützt sind, sowie in das von der Europäischen Menschenrechtskonvention geschützte Recht auf Achtung des Privatlebens«. Nicht zu vergessen: »Die Fremdbegutachtung widerspricht dem Recht auf sexuelle Selbstbestimmung.«

Die Aufzählung der Nachteile des alten Transsexuellengesetzes nimmt drei Seiten und zahlreiche Fußnoten in Anspruch, während die Frage »Was würde sich durch ein Recht auf Selbstbestimmung ändern?« in wenigen Zeilen beantwortet wird: »Durch ein Recht auf Selbstbestimmung würde die rechtliche Änderung des Vornamens und des Geschlechtseintrags nicht mehr durch ein langwieriges und teures Gerichtsverfahren entschieden werden, sondern beim Standesamt möglich sein. Anstelle einer Begutachtungspflicht und den damit verbundenen psychischen Belastungen würde zukünftig die Selbstauskunft der Person ausreichen. Damit wäre es allen Menschen möglich, selbstbestimmt und ohne die Einmischung Dritter über ihr Geschlecht zu entscheiden.«

Ich will mich an dieser Stelle nicht mit der Frage beschäftigen, ob es wirklich mehr als zwei Geschlechter gibt und ob man/frau sich sein/ihr Geschlecht aussuchen kann. Wenn das die individuelle Lebensqualität erhöht und zum Abbau von Spannungen in der Gesellschaft beiträgt, dann soll es eben so sein, unabhängig von Chromosomen, inneren Organen oder dem Design der Genitalien. Ich habe nichts dagegen, dass Männer in Frauenkleidern und High Heels herumlaufen, nur finde ich, dass ein Mann, der Frauenkleider trägt, keine Frau ist, sondern nur ein Mann in Frauenkleidern, wie Dustin Hoffman in *Tootsie,* Peter Alexander in *Charley's Tante* und Tony Curtis und Jack Lemmon in *Some like it hot.*

Ich störe mich nur daran, dass der Begriff der Selbstbestimmung so eng gefasst wird. Wenn, wie wir alle inzwischen wissen, die geschlechtliche Zugehörigkeit ein »soziales Konstrukt« ist, weil wir nicht als Männer und Frauen geboren, sondern durch die Umstände dazu gemacht werden, dann ist auch das Alter ein »soziales Konstrukt«, und an dem Satz »Man ist so alt, wie man sich fühlt«, tatsächlich etwas dran.

Formal betrachtet bin ich 75. Das ist ein Alter, das vor 100 Jahren nur wenige erlebten – und falls doch, dann nur im Wachkoma. Ich fühle mich nicht wie 75, ich lebe nicht wie ein 75-Jähriger, und ich denke nicht daran, mir eine Harley Davidson zu kaufen, um mich zu verjüngen. Ich würde aber gerne zum Standesamt gehen und mir eine neue Geburtsurkunde ausstellen lassen. Alle personenbezogenen Daten würden bleiben bis auf eine: das Alter. Ich will es meinem »gefühlten Alter« anpassen: 57 statt 75. Ich denke nicht, dass sich der Standesbeamte meiner Bitte widersetzen würde, und falls doch, wäre das ein Verstoß gegen das Allgemeine Gleichbehandlungsgesetz (AGG), dessen erster Paragraf lautet: »Ziel des Gesetzes ist, Benachteiligungen aus Gründen der Rasse oder wegen der ethnischen Herkunft, des Geschlechts, der Religion oder Weltanschauung, einer Behinderung, des Alters oder der sexuellen Identität zu verhindern oder zu beseitigen.«

Aber das wäre noch nicht alles. Ich hätte gerne eine andere oder eine weitere Staatsangehörigkeit. Nicht, dass ich mit meinem deutschen Pass unzufrieden wäre, aber einen monegassischen fände ich schicker. Oder einen maltesischen. Ich habe ein Faible für kleine Staaten. Gehe ich vielleicht zu weit? Habe ich da etwas missverstanden? Es ist doch ganz einfach: Wenn ich das Recht habe, der Natur ins Handwerk zu pfuschen und mich, allen männlichen Attributen zum Trotz, zur Frau zu erklären, dann müsste ich auch das Recht haben, mein Alter und meine Nationalität selbst zu bestimmen. Kann man den Sinn des »Selbstbestimmungsgesetzes« überhaupt anders verstehen?

Den ersten Schritt in mein neues Leben als Henrike habe ich bereits getan. Ich parke nur noch auf Frauenparkplätzen. Soll doch einer mal kommen und sagen, ich sei keine. Den mach ich rund, als wäre ich ein Kerl.

Schöne neue Bullerbü-Welt

Der Chamissoplatz in Berlin-Kreuzberg ist ein wunderbares städtebauliches Ensemble aus der Wilhelminischen Kaiserzeit, denkmalgeschützt und vital, nicht zuletzt eine Hochburg von Grünenwählern mit Ökomarkt und Slow Food. Das war einmal. Nun ragen auf Geheiß der grünen Stadträtin für Verkehr und Umwelt etwa 70 rot-weiße Poller aus dem alten Kopfsteinpflaster. Der Platz kann nicht mehr umfahren werden. Stattdessen gibt es jede Menge Sackgassen im Sinne der »Verkehrswende«. Tatsächlich müssen Autofahrer, die noch nichts vom »Modellprojekt Bergmannkiez« gehört haben, umständlich wenden und in die Nebenstraßen ausweichen.

»Verkehrswende« gehört zu den Lieblingsbegriffen der Ampel-Republik, von »Wärmewende«, »Agrarwende« und »Sondervermögen« abgesehen. Autos raus, Pflanzenkübel rein! Weg mit den Parkplätzen, her mit dem Holzspielzeug für Riesenbabys, das als rasch verwitterndes Straßenmöbel auf den Asphalt gewuchtet wird. Es sind nicht die großen Durchgangsstraßen, die gesperrt werden, sondern lebendige urbane Zonen, in denen sich Autos, Radler und Fußgänger seit je den Straßenraum teilen. Das soll sich nun flächendeckend ändern. Regeneratives Straßenmobiliar, etwa aus der selbstbestimmten Start-up-Tischlerei »Rio Reiser«, soll zum Ausruhen und Flanieren einladen, während unzählige rot-weiß gestreifte Poller und Plastikbaken mit dem Charme von Absperrbändern am Tatort von Gewaltverbrechen den sozialökologischen Fortschritt abstecken.

Eigensüchtig protestierende Anrainer und Geschäftsleute werden so wenig gefragt wie der Rest der Bevölkerung. Das ist auch richtig so, denn das politische Ziel ist ein für alle Mal festgelegt: Abbau, Rückbau, Schrumpfung. So entstehen posturbane Areale voller Fahrradbügel, Papierkörbe und Sitzmöbel, die, rundum mit Graffiti versehen, in Ruhe ihrem natürlichen biodynamischen Verfallsprozess entgegengehen.

Endlich triumphiert die unzerstörbare Bullerbü-Fantasie von Hüpfburg und Straßenfest aus den seligen Achtzigerjahren über eine anachronistische bürgerliche Ästhetik, die in ihrer fossilen Rückwärtsgewandtheit gefangen bleibt. Nur uneinsichtige Fortschrittsfeinde beschweren sich über angeblich »infantile Wunschträume einer woken Pseudo-Elite«, die sich in bester deutscher Tradition von Rechthaberei und behördlicher Vollstreckungslust bewegt. Nein, hier geht es eben nicht um die klassische Schönheit und Romantik südeuropäischer Städte, um Città antica, Piazza und Boulevard.

Wer mit dem Fahrradhelm Marke »Svappavaara« und der gelben Schutzweste von Hornbach vor der langen Schlange am veganen Eiscafé »Fräulein Frost« steht und auf seinen Hafermilch-Vanille-Sanddorn-Mango-Becher mit biologisch abbaubarem Löffel wartet, der hat wirklich keinen Sinn für klassizistische Sichtachsen. Und so bleibt es dabei: Das deutsche Schönheitsideal in Zeiten von Doppel-Wumms und Klimawende ist der Windpark.

Frau Wissler: Frieden schaffen ohne Hausaufgaben

Dass Deutschland ein Problem mit der schulischen Bildung und Erziehung hat, wissen wir spätestens seit 1964, also fast 60 Jahren. Drei Jahre nach dem Bau der Berliner Mauer, fünf Jahre vor der ersten Mondlandung, 32 Jahre bevor Nokia mit dem »9000 Communicator« das erste Smartphone auf den Markt gebracht und 40 Jahre bevor Mark Zuckerberg Facebook entwickelt hat, lange bevor Angela Merkel als erste Frau das Bundeskanzleramt übernahm und das Gendern erfunden wurde, als Rauchen in Cafés und Restaurants noch erlaubt war, als es nur zwei Geschlechter gab und Diversität noch kein Begriff war, da erschien in einem kleinen Freiburger Verlag ein Buch von 150 Seiten Umfang: *Die deutsche Bildungskatastrophe* von Georg Picht, einem Theologen, Pädagogen und Philosophen.

Gleich im ersten Kapitel fasste Picht den Inhalt des Buches in wenigen Sätzen zusammen: »Eines der tragenden Fundamente jedes modernen Staates ist sein Bildungswesen«; die Bundesrepublik stehe »in der vergleichenden Schulstatistik am untersten Ende der europäischen Länder«; Bildungsnotstand bedeute »wirtschaftlichen Notstand«. Der bisherige wirtschaftliche Aufschwung werde »ein rasches Ende nehmen, wenn uns die qualifizierten Nachwuchskräfte fehlen, ohne die im technischen Zeitalter kein Produktionssystem etwas leisten kann«. Und: »Wenn das Bildungswesen versagt, ist die ganze Gesellschaft in ihrem Bestand bedroht.«

Kluge Sätze, die bis heute nichts von ihrer Gültigkeit verloren haben. Dabei wurde das Bildungswesen in den vergangenen Jahrzehnten mehrfach gründlich reformiert. Um die sozialen Unterschiede auszugleichen und Kinder aus »bildungsfernen Familien« nicht zu benachteiligen, wurden die Anforderungen gesenkt, bis zum »Schreiben nach Gehör«, wobei Fachleute gerne anmerken, dass es sich um ein »Missverständnis« handelte, weil die Kinder »nicht nach Gehör« schreiben, sondern sich »beim Schreiben am Sprechen« orientieren, was praktisch auf dasselbe hinausläuft – Dekonstruktion der Sprache.

Folgt man einer Studie, die Ende 2022 bekannt wurde, hat jeder vierte Jugendliche in Deutschland »keine grundlegenden Fähigkeiten, die in der Schule vermittelt werden sollen«, kann also nur bedingt lesen, schreiben und rechnen. Was soll aus diesen Jugendlichen werden? Eventmanager, Influencer, digitale Nomaden? Es fehlen Zehntausende von Lehrern, die Digitalisierung des Unterrichts kommt nicht voran, viele Schulen modern vor sich hin. Dass fast jeder Schüler ein Smartphone und ein Messer hat, trägt nur zur Verschlimmbesserung der Lage bei. Doch wie sagte es schon die deutsch-rumänische Schlagersängerin Mara Kayser (»Herz aus Gold«) in einem ihrer Lieder: »Immer, wenn du denkst, es geht nicht mehr, kommt von irgendwo ein kleines Lichtlein her.« Zuletzt war es die charismatische Co-Vorsitzende der Links-Partei, Janine Wissler, die in einem Beitrag für den Berliner *Tagesspiegel* die Abschaffung der Hausaufgaben forderte. Denn:

»Der alltägliche Hausaufgaben-Stress vergiftet das Familienleben, bedeutet Streit, Überforderung, Tränen und schürt Aggressionen.«

Das nachschulische Familienleben könnte so friedlich und erfüllend sein, wenn nur die verdammten Hausaufgaben nicht wären! »Wenn Eltern Feierabend haben, haben sie noch lange nicht Feierabend.« Deswegen sollte man sie »von der unnötigen Last der Hausaufgaben sofort entlasten und damit viel Druck aus den Familien nehmen«.

Nach dem Verzicht auf die sogenannten Kopfnoten und Zensuren ist das der zweitbeste Vorschlag, der seit dem Erscheinen der Streitschrift über die deutsche Bildungskatastrophe gemacht wurde.

Natürlich könnte man noch mehr Druck aus dem Kessel nehmen, wenn man nicht die Kinder, sondern die Eltern zur Schule schicken würde, natürlich bei vollem Lohnausgleich, 13. Monatsgehalt und allen Sozialleistungen. Das Familienleben würde entgiftet, die wichtigste Ursache für Streit, Überforderung, Tränen und Aggressionen deaktiviert. Wäre Georg Picht schon vor 60 Jahren auf diese Idee gekommen, hätte die Bildungskatastrophe vielleicht gestoppt oder, wie man heute gerne sagt, »eingedämmt« werden können. Man hat Jahrzehnte an den Symptomen herumgedoktert, statt das Problem an der Wurzel zu packen, den Hausaufgaben. Jetzt ist es wohl zu spät. Und Janine Wissler, die es bei der letzten Bundestagswahl geschafft hat, ihre Partei unter die Fünf-Prozent-Marke zu drücken, muss sich eine neue Aufgabe suchen. Wie wäre es mit empirischer Feierabendforschung aus marxistisch-leninistischer Sicht unter besonderer Berücksichtigung der Entgiftung des Familienlebens durch Abschaffung der Hausaufgaben?

Gedöns war früher – heute ist Zusammenhalt!

Es stimmt ja, früher war vieles schlechter. Die Luft, das Monatsgehalt, die Krebsvorsorge, die Bildqualität der *Sportschau* am Samstag und die Arbeitslosenhilfe, die heute Bürgergeld heißt. Aber es war auch einfacher. Man ging mit Arbeitskollegen in die Eckkneipe, lud die Nachbarn zum Abendbrot mit Mett- und Käse-Igel ein, während die Kinder in der untergehenden Sonne die anliegenden Kleingärten nach Essbarem durchkämmten. Anschließend, schon ordentlich verdreckt, zündeten sie in der Dämmerung ein schönes Kartoffelfeuer an.

Das war schon mehr Zusammenhalt, als manchem guttat.

Heute, in der bunten Republik, braucht man für all das einen »Senator für Kultur, Zusammenhalt, Engagement- und Demokratieförderung«, der in Berlin Joe Chialo heißt und CDU-Mitglied ist. Ein früherer Bundeskanzler der SPD hat solche mäandernden Ressortzuständigkeiten mal abfällig »Gedöns« genannt, aber derart volkstümliche Äußerungen erfüllen heute schon den Straftatbestand von »Hass und Hetze« – Delikte, die inzwischen auch im Internet verfolgt werden. Schon deshalb darf sich die CDU keine Blöße geben. Daher setzt sie nahtlos die Tradition des Agenda-Settings fort, die SPD und Grüne begründet haben. Motto: Man kann gar nicht genug Gutes schon im Amtstitel tragen. Über all dem schwebt der Geist von Kirchentag, Sonntagsrede und Woche der Brüderlichkeit.

So gibt es seit 2021 eine »Bevollmächtigte des Landes Berlin beim Bund und Staatssekretärin für Engagement-, Demokratieförderung und Internationales – die 29-jährige Ana-Maria Trăsnea, die als Kind aus Rumänien kam. Ihre Vorgängerin, Sawsan Chebli, war darüber hinaus noch für »bürgerschaftliches Engagement« zuständig gewesen. Die Spuren ihres Wirkens blieben allerdings eher im Verborgenen.

Wer angesichts der Fülle dieser Amtspflichten eine Überforderung der verantwortlichen Spitzenkräfte fürchtet, kann beruhigt werden: Bei Zusammenhalt, Engagement und Demokratieförderung unter Berücksichtigung von Weltoffenheit, Toleranz und Diversität greift eins ins andere – Synergie im besten Sinne. Kultur ist alles, und alles ist irgendwie Kultur. Gerade das Engagement für Zusammenhalt ist Demokratieförderung reinster Provenienz, weil sie Gemeinschaftlichkeit und Vielfalt in Weltoffenheit zusammendenkt. Man kann es nicht oft genug wiederholen.

Genau deshalb dehnen sich die Ressortzuständigkeiten immer mehr aus. Sie haben nichts mehr mit jener plump-proletarischen Eindimensionalität zu tun, die etwa noch den alten Gewerkschaftsnamen »IG Bau, Steine, Erden« kennzeichnet. Als ginge es nicht auch hier Tag für Tag um Zusammenhalt, Vielfalt, Nachhaltigkeit und Engagement für Fortschritt und Frieden!

Einen Ausreißer nach unten repräsentiert der seit Bismarcks Zeiten stets gleich gebliebene Name für das »Auswärtige Amt«. Es heißt seit 1870 so und nicht »Ministerium für feministische Außenpolitik, globale Konfliktberatung, humanitäre Noteinsätze, internationalen Zusammenhalt und achtsames Miteinander«.

Frau Geywitz und die ländlichen Regionen

Unter den Politikern und Politikerinnen, die auch fast zwei Jahre nach ihrem Eintritt in das Kabinett von Olaf Scholz weitgehend unbekannt geblieben sind, nimmt Klara Geywitz eine Spitzenposition ein. Dabei ist es noch nicht lange her, dass sie sich als Sidekick von Olaf Scholz um den Vorsitz der SPD bewarb. Vergeblich, aber nicht ganz erfolglos. Kaum war Scholz als Bundeskanzler vereidigt, holte er Klara Geywitz in sein paritätisch besetztes Kabinett als »Ministerin für Wohnen, Stadtentwicklung und Bauwesen«. Unter Horst Seehofer waren das Abteilungen im Ministerium für Inneres und Heimat. Im Zuge der Regierungsbildung wurden die Bereiche ausgekoppelt, zusammengelegt und der diplomierten Politikwissenschaftlerin übergeben, die bis zu ihrer Ernennung als Ministerin beim Landesrechnungshof Brandenburg als Prüfgebietsleiterin gearbeitet hatte.

Was Stadtentwicklung und Bauwesen angeht, war Frau Geywitz ein unbeschriebenes Blatt; allein beim Wohnen könnte man eine gewisse Kompetenz vermuten, wohnt sie doch in Potsdam, in einer ausgesprochen »angesagten« Wohngegend. Darüber hinaus ist Frau Geywitz die »Beauftragte der Bundesregierung für den Berlin-Umzug und den Bonn-Ausgleich«, zwei Herausforderungen, die auch ein Vierteljahrhundert nach der Verlegung der Hauptstadt von Bonn nach Berlin offenbar noch nicht abgearbeitet sind.

Mir ist Frau Geywitz zum ersten Mal aufgefallen, als sie Ende letzten Jahres bekannt gab, man werde das Ziel von 400 000 neuen Wohnungen »nicht erreichen«, wolle aber daran »festhalten«. Das klang nicht nur nach »überholen, ohne einzuholen«, es kam auch meiner Vorstellung von zielgebundener Beharrlichkeit nahe:

Ich weiß, dass ich es nie schaffen werde, bei der Formel 1 mitzufahren, aber ich halte an diesem Ziel unbeirrt fest. Wie Moses, der die Israeliten 40 Jahre durch die Wüste führte, um am Ende der Wanderung nur einen kurzen Blick aus der Ferne auf das Heilige Land zu werfen.

Nun ist der Wohnungsbau eines der zentralen Anliegen der jetzigen Bundesregierung, gleich nach innerer Sicherheit und Preisstabilität. Es klappt nur nicht richtig. Steigende Zinsen und explodierende Preise für Baumaterialien, brüchige Lieferketten und Mangel an Facharbeitern machen das Bauen zu einem Glücksspiel. Die Nachfrage ist gewaltig, das Angebot dürftig.

In dieser Situation hatte Klara Geywitz eine Idee, die sie sogleich der Funke-Medien-Gruppe mitteilte, damit die Welt erleuchtet werde. Um die Wohnungsnot in den Städten zu lindern, sollten mehr Menschen aufs Land ziehen. »In Deutschland gibt es schätzungsweise 1,7 Millionen leer stehende Wohnungen. Der überwiegende Teil dieser Wohnungen befindet sich in ländlichen Regionen.« Man müsste nur »das Leben auf dem Land attraktiver machen«, dann würden sich »mehr Menschen für ein Leben dort entscheiden und den Wohnungsmarkt in den Städten entlasten«.

Eine fantastische Idee! Einfach genial und genial einfach. Und eine Win-win-Situation für alle. Die Städter, die aufs Land ziehen, würden nicht nur an Lebensqualität zugewinnen, ihre Stadt-Wohnungen könnten von denjenigen übernommen werden, die bei der Wohnungssuche die schlechtesten Chancen haben: alleinerziehende Mütter, kinderreiche Familien, Geflüchtete, Langzeitarbeitslose und Opfer des Konsumterrors, die Privatinsolvenz anmelden mussten. Das würde den Wohnungsmarkt in den Städten wesentlich entlasten. Vorher müsste nur eine Frage geklärt werden: Wo fängt der ländliche Raum an?

In Berlin zum Beispiel etwa 20 bis 30 Kilometer jenseits der Stadtgrenze. Alles dazwischen gehört zum »Speckgürtel«, wo die Lebenshaltungskosten ebenso hoch sind wie in der Hauptstadt.

In Hamburg, Köln, Stuttgart, Leipzig und Dresden ist es genauso, der »ländliche Raum« rund um München reicht im Osten bis Passau, im Westen bis Augsburg, im Norden bis Ingolstadt und im Süden bis Garmisch-Partenkirchen. Wirklich kostengünstig sind nur noch wenige Regionen: Preußisch-Sibirien rund um die Stadt Gerolstein in der Eifel, die Kleinstadt Kelbra im Kyffhäuserkreis im Harz, Troschenreuth im sächsischen Vogtland. Eine Ausnahme von der Regel ist Duisburg-Marxloh, wo Hunderte von Häusern und Wohnungen leer stehen. Wer sich dort dauerhaft niederlassen möchte, muss freilich resilient sein, also psychisch und physisch extrem belastbar.

Um das Leben im ländlichen Raum für Stadtmenschen attraktiv zu machen, darüber sind sich alle Experten einig, müsste die Infrastruktur ausgebaut werden. Das heißt: gute Verbindungen in die nächste Großstadt, schnelles und stabiles Internet, Kitas, Schulen, Jugendzentren, Arztpraxen, Sport- und Spielhallen.

Das alles kann nicht innerhalb weniger Monate aus dem Boden gestampft werden. Wenn es Jahre dauert, bis alle Formalitäten für den Bau einer Kläranlage oder eines Windrades erledigt sind, kann der ländliche Raum nicht von jetzt auf gleich komplett umgebaut werden. Man muss auch mit dem Widerstand der indigenen Bevölkerung rechnen, die nicht tatenlos zusehen wird, wie ihr »Lebenstraum« den Bach runtergeht.

So gut sich der Plan von Frau Geywitz im ersten Moment anhört – man möchte ihr spontan um den Hals fallen und »Weiter so, Klara!« rufen –, er leidet unter einem Schönheitsfehler. Es ist der gleiche Fehler, der zur Energiewende führte, der die Elektromobilität in Gang setzte, der offene Grenzen für alternativlos erklärte und eine Willkommenskultur etablierte, die mehr Fremdenfeindlichkeit produziert hat, als es die AfD je geschafft hätte. Nicht zu reden von der Zerstörung intakter Kraftwerke, dem laxen Umgang mit der Inflation und der Umwandlung von Schulden in »Sondervermögen«.

So betrachtet steht Klara Geywitz, Ministerin für Wohnen, Stadtentwicklung, Bauwesen und ländliche Regionen, stellvertretend für die Neue Berliner Republik da – den Größenwahn, die Mittelmäßigkeit und das Zwanghafte, immer wieder denselben Fehler zu begehen und sich darüber zu wundern, dass die Folgen auch dieselben sind.

Nackte Brüste sieht man besser

Es war im Sommer 1990, als ich mit einer Freundin aus der gerade noch bestehenden DDR an einen Badesee bei Leipzig fuhr. Wie selbstverständlich liefen dort fast alle nackt herum – FKK war eine der wenigen Freiheiten, die das SED-Regime umstandslos gewährte. Prüde war man jedenfalls nicht, und so hüpften die primären wie sekundären Geschlechtsmerkmale beim Volleyball tüchtig durch die Luft. Am Bratwurstgrill jedoch spielten sich gewöhnungsbedürftige Szenen ab, weil die Männer auch dort komplett nackt anstanden, wobei es zu gefährlichen Nahbegegnungen zwischen Mann und Wurst kam – leider nicht auf Augenhöhe. Nicht nur dieser Anblick bestärkte mich darin, die Badehose anzubehalten. In unseren Frankfurter Wohngemeinschaften liefen auch wir oft nackt herum, aber das war etwas anderes gewesen als unter Hunderten Badegästen in einem ehemaligen Tagebaugebiet.

Eine phänomenologische Erkenntnis nahm ich von diesem Sommernachmittag immerhin mit: Die individuelle Nacktheit, die im Einzelfall womöglich erotische Signale aussenden kann, verschwindet in der Masse. Da ähnelt letztlich ein Ding dem anderen Ding Dong, die Details verschwimmen im Anblick des Allzugleichen, von Schönheit nicht zu reden.

Auf diese Art von Gleichheit, genauer: auf den Grundsatz der Geschlechtergleichheit, berufen sich jetzt Frauen, die wie Männer behandelt werden wollen – vor allem obenrum: Wenn Männer mit nackter Brust und wie gewohnt nur in Badehose zum Schwimmen ins Freibad gehen, so das Argument, könne das Frauen nicht verwehrt bleiben.

Gesagt, getan. Mehrere Großstädte haben die Badeordnung schon entsprechend geändert: Frauen dürfen in Hallen- wie in Freibädern auf ihr Bikini-Oberteil verzichten.

Stehen wir also vor einem weiteren Triumph des Top-down-Feminismus?

Eine junge Redakteurin der einst konservativen *FAZ* jedenfalls glaubt das. Sie erinnert daran, dass es immer schon ein männliches Machtinstrument gewesen sei, »Frauenkörper mit Vorschriften, Verboten und unausgesprochenen Regeln wahlweise zu verhüllen oder zu entblößen, sie damit zu kontrollieren und über sie zu bestimmen«. Nun aber gehe es für die Frauen darum, »selbst zu entscheiden, in welchem Kontext sie wie auftreten wollen«. Schließlich handele es sich nur um Brustwarzen, und die habe jeder Mensch.

Nun könnte man lange über »den kleinen Unterschied und seine großen Folgen« (Alice Schwarzer) streiten. Doch seit Jahrtausenden ist evident, dass der weibliche Busen mit seinem unerschöpflichen Variantenreichtum möglichst attraktiv gestalteter Dekolletés von der Antike über Renaissance, Barock und Rokoko bis zum täglichen »Busenwunder« bei *BILD* stets alle Blicke auf sich zog.

Ob eng geschnürtes Korsett mit eingenähter Bleiplatte oder »Atombusen« mit stahlhartem Trichter-BH Modell »Madonna«: Die Kulturgeschichte der weiblichen Brust steckt voller Sensationen, ein faszinierendes Spektakel der Geheimnisse, Versprechungen und Fantasien. Bei manch gewagten Roben weiblicher Filmstars mit sehr wenig und sehr dünnem Stoff fragen sich Normalsterbliche: Wie kann dieses Kunstwerk überhaupt zusammenhalten (sic!)?

Zuweilen liefert ein Fauxpas, bekannt als »Nipplegate«, die Antwort – dann hat es trotz aller Raffinesse eben nicht gehalten.

Noch Angela Merkels XXXL-Brünnhilde-Dekolleté beim Besuch der Richard-Wagner-Festspiele in Bayreuth 2008 machte weltweit Schlagzeilen, was bei einem offenen Hemdkragen von Olaf Scholz nicht unbedingt zu erwarten wäre. Selbst die Abwesenheit des Dekolletés sorgt für Furore. Als im September 1968 junge Frauen ihren

BH verbrannten, »Weg mit dem BH, Freiheit für den Busen!« riefen und nichts mehr unter der Bluse trugen, war die Aufregung groß.

Dass nackte Brüste auch zur *politischen* Waffe werden können, bewies das berühmt gewordene »Busenattentat« auf Theodor W. Adorno, den legendären Mitbegründer von »Kritischer Theorie« und »Frankfurter Schule«. Während seiner Vorlesung zur »Einführung in dialektisches Denken« am 22. April 1969 forderten ihn rebellierende Studenten in Frankfurt zur »öffentlichen Selbstkritik« auf, weil er sich nicht umstandslos mit ihren Aktionen solidarisiert hatte.

Plötzlich sprangen drei Studentinnen aufs Podium, umringten den 65-jährigen Professor, verstreuten Rosenblüten und entblößten ihre Brüste, womit sie ihn, den jüdischen Emigranten aus Nazi-Deutschland, größter seelischer Pein aussetzten. Er versuchte noch, sich mit seiner Aktentasche gegen diese offenkundige Demütigung zu wehren, dann ergriff er Hut und Mantel und verließ den Hörsaal.

Heute hätte er gewiss die Möglichkeit, sich bei der Antidiskriminierungsbeauftragten Ferda Ataman wegen »sexualisierter Gewalt« zu beschweren. Damals machte er sich einfach davon und starb am 6. August 1969 nach einer Bergwanderung in den Schweizer Alpen an einem Herzinfarkt.

Ob die Präsentation nackter weiblicher Brüste auch unmittelbar tödlich wirken kann, ist noch nicht endgültig erforscht, aber der Unterschied zur männlichen Brust scheint unzweideutig. Der wahre Realitätstest wird dort stattfinden, wo die These der prinzipiellen Gleichheit von weiblicher und männlicher Brust – nennen wir es das Nippel-Äquivalent – auf die bunte Wirklichkeit trifft, zum Beispiel im Columbia-Sommerbad in Berlin-Neukölln.

Seit Jahren wird dort das Miteinander unterschiedlichster Ethnien, Geschlechter und Kulturen erprobt, was leider, wie im Sommer 2023, zu etlichen Massenschlägereien und Polizeieinsätzen geführt hat. Beteiligt waren oft Jugendliche mit türkisch-arabischem Migrationshintergrund.

So darf man auf die neue Versuchsanordnung gespannt sein, wenn im überfüllten Schwimmbecken und auf den dicht bevöl-

kerten Liegewiesen die ersten nackten Frauenbrüste auftauchen –
neben Schwimmerinnen im Burkini und neugierigen männlichen
Jugendlichen, die, im klassischen Alter der Erforschung neuer Hori-
zonte, für jede Anregung dankbar sind.

Wird sich hier also die These von der strukturellen Gleichheit
durchsetzen oder doch das ungestüme männliche Begehren, das
keinerlei Rücksicht auf die Gender-Theorie nimmt, wenn es um die
sexuelle Praxis geht? Dass das Geschlecht ein »soziales Konstrukt«
und »ein Stück weit« verhandelbar sein soll, wissen die meisten
Badegäste nicht. Sie halten sich lieber an das Offensichtliche.

Das freilich ist in Germanistan unpopulär geworden. Doch die
hartnäckige Realitätsverweigerung kann zuweilen auch dialektisch
umschlagen wie beim guten alten Adorno: Womöglich wird sich die
eine oder andere Teilnehmerin am Oben-ohne-Experiment in freier
Wildbahn am Ende doch für einen schicken Burkini in Marineblau
entscheiden.

Herr Steinmeier und
die Märchen aus 1001 Nacht

Ich habe beim Aufräumen meiner digitalen Dachkammer einen Artikel wiedergefunden, den ich 2007, also vor 16 Jahren, für den Berliner *Tagesspiegel* geschrieben hatte. Es ging um deutsche Staatsangehörige, die im Irak, im Jemen und in Afghanistan von lokalen Milizen entführt wurden, um von der Bundesrepublik Lösegeld zu erpressen. Für Aufsehen sorgte u.a. der Fall einer deutschen Hausfrau, die seit 40 Jahren im Irak lebte, mit einem Iraker verheiratet war und einen irakischen Pass hatte, allerdings nach ihrer Entführung nicht die irakische, sondern die deutsche Regierung um Hilfe bat. Auch sie wurde von der Bundesregierung freigekauft.

Zum Prozedere der Kidnapping-Aktionen gehörten auch die Stellungnahmen des »tief erschütterten« Außenministers, der jedes Mal die gleiche Botschaft verkündete: Die Regierung der Bundesrepublik werde »alles in ihrer Macht Stehende« unternehmen, um die Geiseln heimzubringen, sie lasse sich aber »weder erpressen noch zu Zugeständnissen« zwingen. Das war nur bedingt richtig, denn die Entführungen dienten keinem anderen Zweck, als die deutsche Regierung zu erpressen. Um das Leben der Geiseln zu retten, musste die Bundesregierung den Entführern entgegenkommen, was wiederum bedeutete: Zugeständnisse machen.

Im Falle eines Fernmeldetechnikers aus Mecklenburg-Vorpommern, der im Auftrag einer deutschen Organisation zusammen mit einem ebenfalls aus Deutschland stammenden Kollegen Telefonleitungen in Afghanistan wartete, gab es eine Abweichung von der üblichen Routine, die der damalige Außenminister Frank-Walter Steinmeier mit folgenden Worten bekannt gab:

»Wir müssen davon ausgehen, dass einer der entführten Deutschen in der Geiselhaft verstorben ist. Nichts deutet darauf hin, dass er ermordet wurde, alles weist darauf hin, dass er den Strapazen erlegen ist, die ihm seine Entführer auferlegt haben.« Ebenso bemerkenswert war auch, dass die Entführer keine Geldforderungen gestellt, sondern nur gefordert hatten, dass die Bundeswehr aus Afghanistan abgezogen wird. Damit war der Todesfall kein Mord, denn nach deutschem Recht zeichnet sich ein Mord dadurch aus, dass er »grausam« und »heimtückisch« sein und aus »niederen Beweggründen« begangen werden muss. »Geldgier« wäre ein niederer Beweggrund, ein politisches Motiv dagegen nicht. Der Mann war, formal betrachtet, eines natürlichen Todes gestorben. Wenn auch unter besonderen Umständen. Vielleicht hatte er was mit dem Herzen, war unsportlich und übergewichtig oder hat das Klima nicht vertragen – tagsüber extreme Hitze, nachts klirrende Kälte. Da kann man schon mal kollabieren und den Geist aufgeben, wenn man aus einem Land am Rande des Golfstroms kommt.

Allerdings gab es auch Berichte über »Schussverletzungen im Brustbereich«, die gegen einen »natürlichen Tod« sprachen, es sei denn, die Entführer hätten auf die tote Geisel geschossen, aus Wut darüber, dass der Mann zu früh gestorben war. Für die Angehörigen des deutschen Technikers dürfte es nur ein mäßiger Trost gewesen sein, dass er nicht ermordet wurde. Wenn jemand aufgrund der Strapazen, die ihm seine Entführer auferlegt haben, aus dem Leben scheidet, dann ist das zwar schlimm, aber irgendwie doch natürlich, mal mehr und mal weniger.

Kaum war die Pressekonferenz zur Lage in Afghanistan vorbei, eilte Außenminister Steinmeier nach Flossenbürg, wo er an einer Feier zur Eröffnung der Gedenkstätte des ehemaligen Konzentrationslegers teilnahm. Er nannte das Lager einen »Ort der Schande«. In Flossenbürg sind etwa 30 000 Häftlinge ums Leben gekommen. Und was waren die Todesursachen?

Nichts deutet darauf hin, dass die Menschen ermordet wurden, alles weist darauf hin, dass sie den Strapazen erlegen sind, die ihnen auferlegt wurden, zum Beispiel bei der Arbeit im Steinbruch oder weil sie nicht genug zu essen bekamen. Das belegen auch die Todesscheine, die in Flossenbürg ausgestellt wurden. Die beliebteste Todesursache war: Herz- und Kreislaufversagen. Einige Tote hatten auch ein Loch im Kopf oder Würgespuren am Hals, aber die waren ihnen bestimmt erst nach dem natürlichen Ableben appliziert worden. – Seit dieser Geschichte ist mir klar, dass man von Steinmeier nichts erwarten kann, aber mit allem rechnen muss. Auch dass er dem Mullah-Regime zum 40. Jahrestag der islamischen Revolution gratuliert, wie im Februar 2020 geschehen, natürlich »versehentlich«.

Bevor Steinmeier im März 2017 zum 12. Präsidenten der Bundesrepublik gewählt wurde, war er zweimal Außenminister unter Angela Merkel, von 2005 bis 2009 und von 2013 bis 2017. Davor von 1999 bis 2005 Chef des Bundeskanzleramtes unter Gerhard Schröder. 2009 trat er gegen seine ehemalige Chefin und für die SPD als Kandidat für das Amt des Bundeskanzlers an – und verlor. Die regierungsfreien Jahre von 2009 bis 2013 überbrückte er als Vorsitzender der SPD-Bundestagsfraktion. Obwohl Steinmeier Jura studiert und das Studium mit einer Promotion zum Dr. jur. über »Tradition und Perspektiven staatlicher Intervention zur Verhinderung und Beseitigung von Obdachlosigkeit« abgeschlossen hat, wurde er Berufspolitiker. Seine Karriere begann allerdings nicht in einer Obdachlosenunterkunft, sondern mit einem Referentenjob im Büro seines Parteifreundes, Mentors und Ministerpräsidenten von Niedersachsen, Gerhard Schröder. Von da an ging es immer nur bergauf.

Allerdings nicht immer reibungsfrei. Als es im Bundestag um die Anerkennung des Völkermordes an den Armeniern in den Jahren 1915/1916 ging, war Steinmeier dagegen. Er wollte die guten Beziehungen zwischen Deutschland und der Türkei nicht gefährden. Offiziell freilich vertrat er die Ansicht, eine Anerkennung des Völkermordes an den Armeniern als Völkermord würde den Holocaust relativieren. Außerdem sei er »die Debatten leid, bei denen erwartet wird, dass ich über ein mir hingehaltenes Stöckchen springen soll«. An der Abstimmung über die Armenien-Resolution im Bundestag am 2. Juni 2016 konnte er »aus terminlichen Gründen« nicht teilnehmen. Auch Angela Merkel und Sigmar Gabriel hatten Wichtigeres zu tun.

Ganz ähnlich taktierte der Außenminister bereits im Jahre 2008, als er es ablehnte, den Dalai Lama zu empfangen. Ein solches Treffen könnte »die internationalen Bemühungen um einen dauerhaften Kontakt zwischen China und Tibet untergraben«. Er nutzte die Gelegenheit, sich selbst auf die Schulter zu schlagen: »Es gehört eine Menge Mut dazu, sich in diesen Tagen nicht mit dem Dalai Lama zu treffen.«

Als es aber darum ging, zum Besuch eines »Konzerts gegen rechts« in Chemnitz am 3. September 2018 aufzurufen, hatte Bundespräsident Steinmeier keine Berührungsängste. Er bewarb das Antifa-Event auf seiner präsidialen Facebook-Seite ungeachtet der Tatsache, dass unter den teilnehmenden Bands auch eine Gruppe mitmachte, die wegen »linksextremistischer Bestrebungen« dem Verfassungsschutz aufgefallen war.

Sechs Jahre bevor Russland seine »Spezialoperation« gegen die Ukraine startete, warnte Steinmeier davor, »durch lautes Säbelrasseln und Kriegsgeheul die Lage weiter anzuheizen«; der Adressat seiner Warnung war aber nicht Russland, das bereits die Krim annektiert hatte, sondern die NATO, die, so Steinmeier, »mit symbolischen Panzerparaden an der Ostgrenze des Bündnisses« allerlei »Vorwände für eine neue, alte Konfrontation frei Haus liefern« würde. So rechtfertigt Putin noch heute seine Intervention, nur dass er die »Panzerparaden an der Ostgrenze des Bündnisses« nicht als »symbolisch« bezeichnet, sondern als das Vorspiel zu einem NATO-Überfall auf das Russische Reich.

Steinmeier hat inzwischen gestanden, dass er zu optimistisch war, das Aggressionspotenzial der Russen unter- und die Idee des »Wandels durch Annäherung« überschätzt hat. Wozu er keine Stellung bezogen hat, weder kritisch noch selbstkritisch, sind zwei große internationale Projekte, an denen er maßgeblich mitgewirkt hat.

Steinmeier gilt als der Erfinder der sogenannten »Steinmeier-Formel für einen Sonderstatus der ostukrainischen Regionen Luhansk und Donezk«, und diese Formel war, so lesen wir es auf Wikipedia, »ein Lösungsansatz für den Konflikt in der Ostukraine, der Vorschläge des ehemaligen Bundesaußenministers und späteren Bundespräsidenten Frank-Walter Steinmeier beinhaltet und dazu dienen sollte, die ins Stocken geratene Umsetzung des Minsk-II-Abkommens wieder in Gang zu bringen«. Vor dem »ins Stocken« geratenen Minsk-II-Abkommen gab es nämlich schon ein Minsk-I-Abkommen, das seinerseits nicht in die Gänge kam, weswegen dann Minsk II hergezaubert wurde mit Unterstützung von – richtig geraten! – Frank-Walter Steinmeier.

Es würde zu weit führen und zu lange dauern, um darzulegen, wie das alles miteinander zusammenhängt. Die Steinmeier-Formel war ein Zaubertrick, eine kreative Kombination aus dem Gordischen Knoten und Rubiks Würfel, eingepackt in eine Anweisung, wie man aus Lehm und Wasser Gold machen kann. Umso erstaunlicher, dass es mit dem Lösungsansatz für den Konflikt in der Ostukraine nicht geklappt hat. Im Gegenteil, der Konflikt ist zum Krieg eskaliert. An Frank-Walter Steinmeier kann es nicht liegen. Er hat sich wirklich alle Mühe gegeben.

Das war auch bei einem anderen wichtigen internationalen Projekt der Fall, dem »Joint Comprehensive Plan of Action«. In der deutschen Übersetzung verliert der »Gemeinsame umfassende Aktionsplan« viel von seinem bombastischen Charme. Jahrelang verhandelten Vertreter der USA, Frankreichs, Chinas, Russlands, Englands und der Bundesrepublik mit der Regierung des Iran über eine Art von Atomsperrvertrag, begleitet von der Hohen Vertreterin der Europäischen Union für Außen- und Sicherheitspolitik. Das Abkommen sollte es dem Iran ermöglichen, Atomenergie für »friedliche Zwecke« zu nutzen und alle Bedenken auszuräumen, dass die Kernkraft für die Entwicklung von Nuklearwaffen eingesetzt werden könnte. Am 14. Juli 2015 meldeten die Unterhändler »Mission Accomplished!«. Drei Monate später, am 19. Oktober 2015, trat der »Gemeinsame umfassende Aktionsplan« in Kraft. Außenminister

Steinmeier sprach von einem »historischen Erfolg der Diplomatie«. Auch für ihn persönlich war es »ein großer Moment«.

Schaut man sich die Kernpunkte des Abkommens an, kommt es einem vor wie ein Märchen aus 1001 Nacht. Darin heißt es u. a.: »15 Jahre lang wird Uran ausschließlich in der Anlage Natans und auf maximal 3,67 % angereichert.« Über zwei Drittel der Zentrifugen sollen »außer Betrieb genommen und unter Aufsicht« der Internationalen Atomenergie-Kommission gestellt werden. Die Vereinbarung soll »lückenlos überwacht« und »ein robuster Mechanismus implementiert« werden, »welcher der IAEO 25 Jahre lang überall Zugang gewährt, wo sie ihn benötigt«.

Das war zu schön, um wahr zu sein, und erwies sich bald als Wunschdenken. Erst kündigten die USA das Abkommen, dann legten die Iraner den Rückwärtsgang ein. »Das Atomabkommen von 2015 war ein Kompromiss, der sich jedoch bald als nicht tragfähig erwies«, so fasste die *NZZ* am 4. März 2023 die Lage zusammen, acht Jahre nach dem Abschluss des »Joint Comprehensive Plan of Action«. Der Iran habe seine nukleare Kapazität nicht ab-, sondern ausgebaut, das Land verfüge inzwischen »über genügend 60-prozentiges Uran, um damit notfalls eine einfache Bombe herstellen zu können«.

Das wäre der Moment für Frank-Walter Steinmeier gewesen, um sich zu Wort zu melden und zu bekennen, dass er sich nicht nur in Bezug auf Russland und die Politik des Wandels durch Handel geirrt hat. Er hat seine Rolle als Weltfriedensstifter dermaßen genossen, dass er den Mullahs den Weg zur Bombe geebnet hat. Natürlich nicht er allein und nicht absichtlich, dafür aber nachhaltig und arbeitsteilig mit seinen Kollegen. Nicht einmal das Wissen um die besondere deutsche Verantwortung für die Sicherheit Israels vermochte ihn zu erschüttern. Er war dabei, als Geschichte geschrieben wurde, und das war ihm genug.

Steinmeiers langer Weg vom Büroleiter zum Bundespräsidenten ist nicht die bürgerlich-deutsche Variante der Erzählung vom Tellerwäscher zum Millionär. Es ist eher eine Bestätigung des von Laurence J. Peter geprägten »Peter-Prinzips«: »In einer Hierarchie neigt jeder Beschäftigte dazu, bis zu seiner Stufe der Unfähigkeit aufzusteigen.« Steinmeier war nie ein Solitär wie Joachim Gauck, sondern immer »embedded«. Er diente der Partei, und die Partei war sein Heißluftballon, mit dem er schwebend die Schwerkraft überwand.

Kein Bundespräsident schreibt seine Reden selbst. Es reicht, dass er sich Redenschreiber aussucht, die seine Gedanken in Worte fassen. Deswegen sind Steinmeiers Reden durchaus authentisch, auch wenn sie so klingen wie eine Gebrauchsanweisung für Thermomix-Küchenmaschinen, die man auch zum Einmachen von Fallobst benutzen kann. In seiner Laudatio auf Angela Merkel, die von ihm mit dem »Großkreuz des Bundesverdienstordens in besonderer Ausführung« geehrt wurde, sagte Steinmeier u. a.: »Sie haben mit Ihrer Kanzlerinnenschaft dafür gesorgt, dass eine Frau an der Spitze der Regierung, dass auch weibliche Macht für immer eine Selbstverständlichkeit in unserem Land sein wird.«

In diesem zwölf Sekunden langen Satz machte Steinmeier zwei Pausen, um die Bedeutung seiner Worte zu unterstreichen. Kanzlerinnenschaft … weibliche Macht … für immer … eine Selbstverständlichkeit. Nicht nur, dass Angela Merkel es immer abgelehnt hat, *weibliche* Macht zu verkörpern, gibt es in der Politik keine Selbstverständlichkeiten, und nichts gilt für immer, gar nichts. Aber der Bundespräsident hat es gerne blumig.

Drei Tage bevor er Angela Merkel kanonisierte, eröffnete Steinmeier die Bundesgartenschau 2023 in Mannheim und erinnerte bei dieser Gelegenheit an die biblische Schöpfungsgeschichte. »Hier wird uns buchstäblich die grundlegende menschliche Aufgabe vor Augen geführt, unsere Welt zu bewahren, zu hüten, behutsam zu gestalten … Der Mensch sollte den Garten bearbeiten und hüten. Und wenn Sie so wollen: Der Mensch wurde also vor aller Zeiten Anfang eigentlich als Gärtner geschaffen.« So muss es gewesen sein. Und als Gott den Garten Eden schuf, da hatte er schon die Bundesgartenschau im Auge.

Dass Steinmeier es bis ins Schloss Bellevue geschafft hat, hat auch etwas mit dem Fachkräftemangel in Deutschland zu tun. Die Personaldecke ist dünn, sehr dünn, im Handwerk, in der Gastronomie, im Transportwesen, im Showbusiness; es findet sich nicht einmal ein Nachfolger für Thomas Gottschalks »*Wetten, dass* …«. Deswegen bekommen auch Kandidaten aus der zweiten Reihe eine Chance. Vor allem in der Politik.

Mehr Mut zum Weniger!

Bundespräsident Steinmeier hat in einem Interview mit der *FAZ* erklärt, er sei dafür, das aktive Wahlalter herabzusenken, von 18 auf 16 Jahre, weil die Gesellschaft zunehmend älter werde und ein verstärktes jüngeres Gewicht brauche.

Wir können davon ausgehen, dass alles, was der Bundespräsident sagt oder empfiehlt, von seinen Beratern abgesegnet wurde. Nichts wird dem Zufall oder der Improvisationskunst des ersten Mannes im Staat überlassen. Mündliche Interviews werden verschriftlicht und zur Autorisierung vorgelegt. Das, was der Bundespräsident sagt, muss nicht immer seiner Meinung entsprechen, aber es ist immer Ausdruck der Staatsräson.

Offiziell geht es Steinmeier und anderen Befürwortern einer Herabsatzung des Wahlalters darum, »junge Menschen« an die Politik heranzuführen. Wie nah darf es denn sein? Ist die Teilnahme an Fridays-for-Future-Demos nicht bereits Ausdruck eines früh erwachten politischen Bewusstseins? Niemand hindert junge Menschen daran, einer der politischen Jugendorganisationen beizutreten. Bei den Jusos liegt das Mindesteintrittsalter bei 14 Jahren. Bei der Grünen Jugend ist »jede*r im Alter bis 28 Jahren« willkommen. Was die Statuten der CDU sagen, ist vollkommen irrelevant, solange Philipp Amthor als »das junge Gesicht« der Union herumgereicht wird.

»Weniger wäre mehr« scheint die Losung der Jetztzeit zu sein. Kein Tag vergeht, ohne dass uns jemand über die Vorteile der Vier-Tage-Woche aufklären würde. Saskia Esken ist auch dafür, natürlich bei vollem Lohnausgleich. Sie sagt, derzeit bleibe »wegen der Arbeit für die Organisation des eigenen Lebens kaum Zeit«. In einer Vier-Tage-Woche würden Menschen »effektiver arbeiten«, weil sie »eine höhere Arbeitszufriedenheit« hätten. Die Vorsitzende der Links-Partei, Janine Wissler, hat bereits einen »Vier-Punkte-Plan für die Umsetzung einer Vier-Tage-Woche« vorgelegt.

Angesichts des Lehrermangels könnte die Einführung der Vier-Tage-Woche an Schulen für eine maßvolle Entspannung sorgen.

Ungeklärt bleibt nur eine logische Konsequenz: Wenn es stimmt, dass die Menschen in einer Vier-Tage-Woche effektiver arbeiten als in einer Fünf-Tage-Woche, sollten wir dann nicht gleich die Drei-Tage-Woche einführen, mit der Aussicht auf eine Zwei-Tage-Woche? Je kürzer die Arbeitszeit, desto größer die Effektivität und höher die Arbeitszufriedenheit.

Es muss alles weniger werden. Kapitalismus-Kritiker – wie Ulrike Herrmann von der *taz* – sind sich einig: Wir brauchen nicht mehr Wachstum, sondern weniger, nicht mehr Konsum, sondern weniger. »Degrowth« statt »Growth«.

Deswegen können wir uns mit einer Absenkung des Wahlalters und einer Kürzung der Arbeitszeit nicht zufriedengeben. Brauchen wir wirklich 16 Bundesländer? Wären acht oder sechs nicht genug? Dazu 21 öffentlich-rechtliche TV-Kanäle und 73 Radio-Programme? Braucht die Bundesregierung 30 000 Beamte, die ihr zuarbeiten? Würden 10 000 nicht viel effektiver arbeiten? Braucht das Bundeskanzleramt einen Anbau, der über 700 Millionen Euro kosten soll? Also am Ende etwa zwei Milliarden Euro.

Wir sollen weniger fliegen, weniger Auto fahren, überhaupt weniger reisen, am besten gar nicht. Nicht gehen, nicht stehen, nicht atmen und nicht husten. Und je mehr wir von dem Weniger leisten, umso besser – für uns, den Regenwald, die Eisbären und die ganze Erde.

Das war es, was Steinmeier uns sagen wollte. Mehr Mut zum Weniger!

Auf ihn selbst bezogen, würde das bedeuten: Eine Amtsperiode war genug. Die zweite hätte er sich sparen können.

El Hotzo – die Stimme der Antifa

Nachdem die 28-jährige Studentin und bekennende »Antifaschistin« Lina Engel – deren Name in fast allen Berichten mit Lina E. abgekürzt wurde, auch in Medien, die im Zusammenhang mit dem NSU-Prozess die Hauptangeklagte Beate Zschäpe mit vollem Namen vorgestellt hatten – vom OLG Dresden zu fünf Jahren und drei Monaten Freiheitsentzug verurteilt wurde, kam es in mehreren Städten zu Straßenschlachten zwischen der Polizei und Sympathisanten der Verurteilten. Das Gericht war überzeugt, dass sie Angriffe auf vermeintliche »Neonazis« und »Faschisten« geplant und bei einigen der Aktionen mitgemacht hatte. Die Proteste richteten sich sowohl gegen das Verfahren als solches und das – noch nicht rechtskräftige – Urteil, waren aber auch Ausdruck der in Antifa-Kreisen vorherrschenden Auffassung, im Kampf gegen Nazis und Faschisten seien alle Mittel erlaubt. Eines der schwer verletzten Opfer von Lina und ihren Kampfgenossen war ein Arbeiter, der als Nazi identifiziert wurde, weil er das Basecap einer Modemarke trug, die in rechten Kreisen geschätzt wird.

Man kann es so beschreiben: Lina und ihre Schläger führten die Ermittlungen, erhoben die Anklage, fällten das Urteil und vollstreckten es, ohne sich mit solchen Formalien wie ordnungsgemäßes Verfahren oder Unschuldsvermutung aufzuhalten.

Seltsames passierte auch am Rande des Falles. Es meldeten sich Menschen zu Wort, die zwar das Agieren der Gruppe verurteilten, aber dennoch ein gewisses Verständnis für sie zeigten, richteten sich deren Aktionen doch gegen »Rechts«, die »größte extremistische Bedrohung für unsere Demokratie«, so Bundesinnenministerin Nancy Faeser. Und der Schutz der bedrohten Demokratie ist bekanntlich eines der Herzensanliegen der mobilen Antifa-Kommandos.

Ein Blogger, der seine Botschaften unter dem Namen El Hotzo verbreitet, gab eine Art Grundsatzerklärung ab. »Man kann sich vor linksextremer Gewalt recht einfach schützen, indem man z. B. kein Nazi ist.«

Weise Worte eines Anhängers der praktischen Vernunft.

Und durchaus übertragbar auf andere Situationen. Man kann sich vor antisemitischer Gewalt recht einfach schützen, indem man z. B. kein Jude ist. Oder sich als solcher nicht zu erkennen gibt. Man kann sich vor frauenfeindlicher Gewalt recht einfach schützen, indem man z. B. zu Hause bleibt oder sich als Mann verkleidet.

Man kann sich vor rassistischer Gewalt recht einfach schützen, indem man sich z.B. so kleidet, dass die Hautfarbe unerkannt bleibt.

Wer oder was ist El Hotzo? »Ein deutscher Satiriker, Podcastproduzent und Schriftsteller«, geboren 1996 in Forchheim/Oberfranken, »Fan des Fußballvereins Arminia Bielefeld« und »bisexuell«. Er hat »über 1 300 000 Abonnenten bei Instagram und über 540 000 Abonnenten bei Twitter«, wo er »täglich zehn bis zwanzig Beiträge« postet. Und: »Seit 2021 arbeitet Hotz als Autor für das *ZDF Magazin Royale* mit Jan Böhmermann.«

Satiriker, Podcastproduzent und Schriftsteller sind allesamt ungeschützte Berufsbezeichnungen. Jeder kann sich so nennen. Aber Autor für das *ZDF Magazin Royale,* das ist schon eine andere Klasse. Was sagt uns das? Doch nicht etwa, dass die Antifa in der Mitte der Gesellschaft angekommen ist?

Vorbild Deutschland!

Man weiß nicht genau, wann es damit anfing, dass ein Satz immer häufiger in der politischen Debatte auftauchte: »Deutschland muss ein Vorbild sein.« War es der Beginn der europäischen Flüchtlingskrise 2015, als Deutschland unter Führung von Kanzlerin Angela Merkel Hunderttausende geflüchtete Menschen aufnahm und die anderen EU-Länder aufforderte, für die »gerechte Verteilung« zu sorgen, zu der es dann nie kam? Oder war es die Klimakrise, deren Beginn ebenso schwer zu datieren ist und über die es hieß, Deutschland müsse bei ihrer Bewältigung vorangehen, um ein Vorbild für den Rest der Welt zu liefern?

In diesem Zusammenhang spricht sogar die Klimaexpertin der katholischen Hilfsorganisation Misereor von einer »Signalwirkung«, wobei sich unmittelbar das Bild aufdrängt, China, Russland und die USA, Pakistan, Brasilien, Marokko, Myanmar, Mexiko, Israel, Nigeria, Venezuela, Kuba, Iran und Nordkorea so wie viele andere Staaten warteten nur darauf, dass vom Berliner Kanzleramt aus oder wenigstens vom Inner Circle der grünen Habeck-Family im Wirtschaftsministerium endlich ein Signal des Aufbruchs und der Hoffnung für die Zukunft der Menschheit ausgehe.

Wer, wenn nicht wir, so die notorische Rede, die Bürgerinnen und Bürger dieses reichen, klugen, innovativen und für seine Effizienz weltbekannten Landes, sollte vorangehen und allen anderen ein leuchtendes Beispiel sein?! Gerade wir, die so viel Unheil über die Welt gebracht haben!

Aus welchen sonstigen Tiefen des Unbewussten die Idee kommt, die Welt warte auf Deutschland, ist allerdings schwer zu beantworten. Sie unterstellt ja eine gewisse Untätigkeit und Trägheit, eine abwartende Haltung der anderen Nationen und suggeriert die Vorstellung, Germanistan sei der Mittelpunkt unserer Galaxis, um den sich alles drehe.

Dabei findet schon unser Modell der Mülltrennung in Italien keine Nachahmung, weder in Rom noch in Neapel. Den traditionellen Schlachtruf zwischen Oberschwaben und Unterfranken »Mittwoch ist gelber Sack!«, italienisch etwa: »Mercoledì è borsa gialla«, hört man kaum zwischen Pisa und Palermo, vom leuchtenden Exempel der schwäbischen Kehrwoche ganz zu schweigen.

In Frankreich wird das deutsche Ampelsystem mit dem Unique Selling Point (USP) – »Fußgänger warten prinzipiell bei Rot, auch wenn weit und breit kein Auto zu sehen ist« – systematisch missachtet, und die tatsächlich beeindruckende Vielfalt deutscher Brotsorten hat die Franzosen nicht von ihrem Baguette abbringen können. Auch die berühmt-berüchtigte deutsche »Vergangenheitsbewältigung« wurde kein Exportschlager, jedenfalls nicht bei den Nachfahren von Mao Tse-tung, Lenin, Stalin, Kim Il Sung, Fidel Castro, Pol Pot und all den anderen Menschheitsbeglückern.

Aber vielleicht ist das ja des Pudels Kern. Ob bei Atomausstieg, strengen Ladenschlusszeiten oder der ehernen Kellner-Auskunft »Draußen nur Kännchen!« – wir stehen ziemlich alleine da. Da folgt uns niemand. Im Gegenteil: Die klassischen deutschen Tugenden wie Fleiß, Zuverlässigkeit und Pünktlichkeit haben längst ihre Strahlkraft verloren und sich mit anderen kulturellen Traditionen vermischt. Das beste Beispiel ist die Deutsche Bahn, die inzwischen ein afrikanisch-südeuropäisches Flair von Gelassenheit und Lebensfreude versprüht: Ankommen ist alles, der Weg ist das Ziel, und wenn nicht heute, dann morgen. Es wird auch viel häufiger gestreikt, die Baustellen sind zahlreich, und die Fahrgäste stellen sich von vornherein darauf ein, dass Termine platzen und Geburtstage nachgefeiert werden müssen.

Deutschland, ganz entspannt im Hier und Jetzt – wäre da nur nicht der selbst erzeugte Druck, bei der Klima- und Migrationspolitik stets Vorbild sein zu müssen. Um die Verwirrung komplett zu machen: In einem Fall soll es gar keine Obergrenzen geben, schon gar nicht für die Menschlichkeit, im anderen Fall sitzt uns die strikte 1,5-Grad-Obergrenze im verschwitzten Nacken.

Die Einhaltung dieses globalen Durchschnittswerts für die gerade noch zulässige Erderwärmung ist zwar längst illusorisch geworden, und der deutsche Beitrag – etwa im Vergleich zu China – ist fast unerheblich, aber wir kennen das aus der Schule: Der Klassenbeste muss vorangehen, auch wenn niemand ihm folgt. Hier geht es ums Prinzip. Und schon deshalb muss Deutschland ein Vorbild für die Welt bleiben.

Wahr ist natürlich auch: Der Klassenprimus ist meist ziemlich unbeliebt. Aber das stecken wir locker weg.

KAPITEL 2

Moralismus als neue Gratis-Tugend – die gute Absicht zählt

Der Aktivismus – ein neues Berufsbild

Es ist erstaunlich, wie viele Menschen Zeit und Muße haben, sich nicht nur Tag für Tag fachgerecht zu empören, sondern auch noch Schilder, Plakate und Transparente, ja ganze Protestinstallationen zu basteln, um damit vors Kanzleramt, zum *Lützi*, in den *Hambi* und den *Danni* zu ziehen, zur Weltklimakonferenz nach Sharm-el-Sheik oder ins Lausitzer Kohlerevier. Abends sitzen sie dann in den Talkshows – als Betroffene, Klimaexperten, Mitarbeiter von Thinktanks oder Vertreter von NGOs, jenen Nichtregierungsorganisationen, die zugleich Teil der Regierung sind: als Berater, Lobbyisten und Influencer. Sie werden als Fachleute interviewt, publizieren Studien, die in den Medien wie unabhängige wissenschaftliche Forschungsergebnisse behandelt werden, und kommentieren die Weltlage fast wie Peter Scholl-Latour, wenn er über Schiiten, Aleviten und Sunniten dozierte. Sie sind überall, nennen sich »Aktivisten« und heißen Luisa, Carla oder Sina. Die Älteren haben Doktortitel und schreiben Bestseller über den Weltuntergang. Oder sie entscheiden sich wie Maja Göpel, die Inge Meysel der deutschen »Nachhaltigkeitswissenschaften«, für glaubensstarke Rettungsbreviere mit Titeln wie *Wir können auch anders*. Wer heute kein Aktivist ist, dem ist nicht zu helfen, denn der Aktivist verbindet souverän Mission mit Passion, Untergangsangst mit besten Aufstiegschancen.

Trotz aller Bemühungen sind sie jedoch keine Aufrührer, Staatsfeinde und Revolutionäre, gar »langhaarige Affen«, die man nach »drüben« schicken sollte, in die »Ostzone« wie 1968, als es noch keine Antidiskriminierungsbeauftragte des Bundes gab. So konnten sich Medien und Öffentlichkeit auch ohne Twitter und Facebook nach Herzenslust austoben gegen die sogenannten »Studenten«, jenes »kommunistische Pack«, das zu »vergasen« – populärer Originalton dieser Zeit – man leider zu Führers Zeiten vergessen hatte. Rudi Dutschke, der berühmteste Student, überlebte schwer verletzt ein Pistolenattentat, an dessen Folgen er elf Jahre später starb.

Da ist der Aktivist von heute deutlich besser dran. Führende Kräfte in Staat und Gesellschaft überbieten sich geradezu darin, ihre Sympathie und Bewunderung für die jungen Menschen zu bekunden, die sich um die Zukunft sorgen. Ein Hauch von Ablasshandel weht durchs Land: Die tun wenigstens was. Selbstverständlich teilt man die großen Ziele der Aktivisten und finanziert viele Tausend NGOs regierungsamtlich mit dreistelligen Millionenbeträgen aus dem Bundeshaushalt – Natur- und Umweltschutzverbände, Kämpfer für Nachhaltigkeit, Flüchtlinge und gesunde Ernährung, gegen rechts, Rassismus, Diskriminierung, Transphobie und Queerfeindlichkeit.

Eigentlich will der Aktivist keinen Streit, aber er kann nicht anders. Das macht ihm keine gute Laune – und das sieht man ihm an. Ihr auch. Hedonismus, Humor und die Fähigkeit zu Ironie sind stark unterrepräsentiert. Dafür ist die Lage viel zu ernst. Zu diskutieren gibt es auch nicht viel. »Die Wissenschaft« sagt, was zu tun ist. Da gibt es keine Zweifel. Skepsis, die Grundtugend der europäischen Aufklärung, stammt von alten, dazu noch toten weißen Männern wie Descartes und Voltaire, Kant und Schopenhauer, Börne und Heine. Das führt also nur in die Irre.

So ist der Weg der Aktivisten in wichtige Staatsämter vorgezeichnet. Exemplarisch dafür der einstige Aktivist und Mitbegründer von Attac Deutschland, Sven Giegold, ein grüner Hardliner, Typ Apparatschik, der über seine langjährige Mitgliedschaft im Europaparlament nun als Staatssekretär in Robert Habecks Wirtschaftsministerium angekommen ist, die »Graichen-Affäre« durch konsequentes Schweigen schadlos überstanden hat und jetzt erst recht den Deutschen windkraft- und wärmepumpenmäßig ordentlich einheizt. Wer da nicht pariert, kriegt es mit Aktivisten zu tun. So schließt sich der Kreis, nachhaltigkeitsmäßig.

Dass der Einbau einer Wärmepumpe samt der Verlegung einer Erdwärmesonde, neuer Heizungsrohre und Kabel in der grünen Bundesparteizentrale, einem Altbau, fast vier Jahre gedauert und fünf Millionen Euro verschlungen hat, zeigt nur die Entschlossenheit, den eingeschlagenen Weg zu Ende zu gehen, koste es, was es wolle.

Der Fluch der blauen Kaffeetasse

Das Kottbusser Tor in Berlin-Kreuzberg ist ein äußerst unwirtlicher Ort mit einer sozialdemokratisch inspirierten Beton-Brachial-ästhetik aus den Siebzigerjahren, die Don Alphonso auf dem Hintergrund seiner bayerisch-italienischen Schönheitsvorstellungen umstandslos als Großstadtslum bezeichnen würde. Die Berliner allerdings nennen den Platz liebevoll Kotti, denn Kiez ist Kiez, und zu Hause ist es doch am schönsten. Dass der Kotti auch offiziell ein »Kriminalitätsschwerpunkt« ist, weshalb man dort nach langem Hin und Her für 3,24 Millionen Euro eine hochmoderne Polizeiwache installiert hat, gehört zur lokalen Folklore ebenso wie die Proteste bei der Eröffnung. Etablierte Drogendealer in dritter Generation, autonome Alt-Revolutionäre und Antifa-Aktivisten fühlen sich in ihrem angestammten Habitat von der Anwesenheit der Ordnungskräfte belästigt, und selbst der Bericht der rbb-*Abendschau* vermittelte den Eindruck, dass die wahre Kriminalitätsgefahr von der Polizei ausgeht und nicht von den »Anwohnenden«, die nur ungestört ihren Geschäften nachgehen wollen.

Und tatsächlich, die Kritiker können sich bestätigt fühlen durch ein Ereignis, das als Kaffeetassen-Gate in die jüngere Geschichte Kreuzbergs eingehen wird. Es sind zwar nur drei Polizisten, die gleichzeitig Wache schieben, aber selbst die brauchen manchmal eine Kaffeepause. Zwar liegt Ercan Yasaroglus »Café Kotti« direkt nebenan, aber am Ende geht doch nichts über deutschen Filterkaffee auf der Warmhalteplatte. Alsbald stellte man fest, dass es keine Tassen gab. Die waren im 3,24-Millionen-Etat nicht vorgesehen. Hier nun half die Gewerkschaft der Polizei aus und lieferte Tassen mit dem GdP-Wappen frei Haus. Rechts und links davon verlief eine feine blaue Linie. Eigentlich ganz hübsch.

Nun aber erhob sich Protest in den Social Media, denn die dünne blaue Linie gilt in den USA, wo sie »thin blue line« heißt, als »umstritten«, was heute schon einem Schuldspruch gleichkommt. Sie soll ein Zeichen für die Verteidigung der Sicherheitsinteressen der Bürger sein, also für »Law and Order«, Gesetz und Ordnung – reaktionäres Zeug also. Aber schlimmer noch: Die Thin blue line tauchte auf Fahnen der Kapitol-Stürmer vom 6. Januar 2021 auf. Das war's dann.

Umgehend schaltete sich die Polizeiführung ein. Nach einer »entsprechenden Sensibilisierung seitens der Leitung der Direktion 5 (City)« habe man die Kaffeetassen »durch ein Mitglied der GdP vorsorglich aus der Nebenwache entfernen« lassen. Eine Polizeisprecherin ergänzte: »Die Thin blue line löst in Bevölkerungsgruppen bedrohliche Gefühle aus, auch die Zuschreibung von rassistischen und extremistischen Haltungen.«

Damit war das Schicksal der faschistoiden Kaffeetasse besiegelt, sie wurde durch ein gelbes Modell ersetzt. Und wieder einmal zeigt sich, dass man im Kampf gegen Rassismus und Rechtsextremismus in Deutschland im Zweifel bis zum letzten Teeservice gehen muss. Wir haben die Lektion aus der Geschichte gelernt: Wehret den Anfängen!

Frau Käßmann hat zu allem eine Meinung

Es gibt eine Frage, die ich mir jeden Tag aufs Neue stelle: Wenn es in diesem Land an Facharbeitern mangelt, die Wärmepumpen einbauen, kaputte Toiletten reparieren und Klimaanlagen installieren könnten, wo kommen dann die vielen Experten her, die sich zu der russischen »Spezialoperation« äußern – wie sie sich angebahnt hat, warum Putin am 24. Februar 2022 den Marschbefehl gab, weshalb EU und NATO eine Mitverantwortung für das Geschehen tragen und vor allem: wie der Konflikt gelöst oder wenigstens »eingedämmt« werden könnte – indem keine Waffen an die Ukraine geliefert werden, weil sie den Krieg verlängern. Das ist etwa so logisch und hilfreich, als würde man einer Frau, die gerade vergewaltigt wird, raten, sich nicht zu wehren, um die Angelegenheit nicht unnötig in die Länge zu ziehen. Auf Russland und die Ukraine bezogen, sagen die Experten, beide Seiten müssten zu Kompromissen bereit sein: Russland, indem es sich auf die Grenzen von vor dem 24.2.2022 zurückzieht, die Ukraine, indem sie auf einen Beitritt zur EU und zur NATO verzichtet, sich für »neutral« erklärt und keine »Reparationen« von Russland fordert, schließlich hätten die Ukrainer die Russen ja provoziert.

Nehmen wir als Beispiel Margot Käßmann. Sie hat Theologie studiert, wurde zur Bischöfin geweiht und amtierte eine Weile als Ratsvorsitzende der EKD. Wir wissen nicht, ob sie als Kind mit Zinnsoldaten gespielt, später Clausewitz *(Vom Kriege)* und Ernst Jünger *(In Stahlgewittern)* gelesen oder nur an einem Kurs für Erste Hilfe bei Schussverletzungen teilgenommen hat. Wir wissen nur, dass die vierfache Mutter zu allem eine Meinung hat, die sie umso freimütiger äußert, je komplexer und komplizierter der Sachverhalt ist, um den es gerade geht.

Und so war es keine Überraschung, dass Frau Käßmann Anfang April dieses Jahres der *Hannoverschen Allgemeinen Zeitung* ein Interview gab, in dem sie für »Verhandlungen« und einen »Waffenstillstand« plädierte. Denn: »Ein Waffenstillstand wäre ein Weg, um zu Friedensverhandlungen zu kommen.« Obwohl es »völlig außer Frage« steht, »dass wir es mit dem völkerrechtswidrigen Angriffskrieg eines Diktators auf ein freies Land zu tun haben«, appellierte sie nicht an den »Diktator«, den völkerrechtswidrigen Angriffskrieg sofort zu beenden, nein, sie wies lieber auf ihre Kompetenz als Fachfrau für friedliche Konfliktlösungen hin. Schon 1975 habe sie »gegen den Vietnamkrieg demonstriert« und dabei den Vorwurf in Kauf genommen, »dem Kommunismus in die Hände« zu spielen.

Was Margot Käßmann an dieser Stelle zu erwähnen vergaß, war der nicht ganz unwichtige Umstand, dass der Vietnamkrieg nicht durch Appelle und Gebete entschieden wurde, sondern durch die bessere Kampfmoral der Vietcong-Soldaten, die ihr Land von einer Besatzungsmacht befreien wollten. Vergleiche müssen nicht immer zu 100 Prozent stimmig sein, in diesem Fall freilich hat sich Frau Käßmann kräftig verrannt. Als sie vor fast 50 Jahren »gegen den Vietnamkrieg« demonstrierte, war von einem »Kompromiss« keine Rede. Die pazifistische Linke stand geschlossen hinter dem Vietcong und skandierte »Ami go home!«. Es war klar, wer der Aggressor und wer das Opfer war. Darum geht es den Kriegsgegnern heute nicht. Etwas anderes treibt sie um: »Wir Deutsche sollten keine Waffen liefern, weil wir sonst nach und nach selbst Kriegspartei werden.« Außerdem fühlen sich die Friedensfreunde getäuscht. Anfangs habe es geheißen, dass nur »reine Verteidigungswaffen an die Ukraine geliefert würden«.

Heute werde »mit deutschen Panzern auf russische Soldaten geschossen – das kann doch auch keine Lösung sein«, sagt Margot Käßmann und legt ein Bekenntnis ab: »Idealerweise stelle ich mir eine Welt ohne Waffen vor. Das ist eine Vision, die ich nicht aufgeben möchte. Derzeit reden alle nur von Aufrüstung, dabei bräuchten wir die Unsummen, die da investiert werden, dringend für Bildung oder Klimaschutz.«

Selten war der Satz von Helmut Schmidt, wer Visionen habe, der sollte zum Arzt gehen, so zutreffend wie in diesem Fall. Obwohl die Vorstellung, die Unsummen, die derzeit in die Aufrüstung fließen, sollten Bildung oder Klimaschutz zugutekommen, durchaus einen Reiz hat. So könnte Russland modernisiert werden, es müsste nur die Produktion von Waffen einstellen, die Herstellung von Fotovoltaik-Anlagen hochfahren, Gender-Studies als Studienfach zulassen und aufhören, seinen Nachbarn mit »Entnazifizierung« zu drohen.

Es war nicht das erste Mal, dass sich Frau Käßmann kopfüber in ein Becken voller Piranhas stürzte. Sie tut es immer wieder. In einem Interview mit dem *Spiegel* aus dem Jahr 2014 antwortete sie auf die Frage, ob es ein »gerechter Krieg« war, »als die Alliierten Deutschland von der Herrschaft der Nazis befreiten«, mit folgender Überlegung: »Es war sicherlich ein Krieg mit einer guten Intention und am Ende die Befreiung vom Naziterror. Aber mir fällt es schwer, Kriege zu rechtfertigen. Es gibt nur einen gerechten Frieden.« Einen Absatz weiter stellte sie fest, »auch die Alliierten sind nicht ohne jede Schuld geblieben, wenn Städte voller Flüchtlinge bombardiert und Frauen vergewaltigt wurden«. Ihre »Helden«, gab Frau Käßmann gegenüber dem *Spiegel* zu Protokoll, »sind Menschen wie Mahatma Gandhi, Martin Luther King und Nelson Mandela, die so naiv waren, auf Gewaltfreiheit und Versöhnung zu setzen«. Deswegen fände sie es gut, »wenn die Bundesrepublik auf eine Armee verzichten könnte wie etwa Costa Rica«. Bereits drei Jahre zuvor, auf dem Evangelischen Kirchentag in Dresden im Juni 2011, hatte sie verkündet, ein Gebet mit den Taliban wäre eine »wesentlich bessere Idee als die Bombardierung von Tanklastwagen«.

Man kann das alles albern, naiv oder unausgegoren finden, aber man muss sich trotzdem fragen, woher dieser Fundamentalpazifismus kommt, aus welchen Quellen er sich speist. Warum es nicht nur der Ex-Ratsvorsitzenden der EKD schwerfällt, den Kampf der Alliierten gegen die Nazis einen »gerechten Krieg« zu nennen und ihnen mehr als nur »eine gute Intention« zu bescheinigen. Ein wenig Dankbarkeit wäre auch nicht verkehrt. Meint Frau Käßmann etwa, die Deutschen hätten es irgendwann geschafft, sich aus eigener Kraft vom Naziterror zu befreien, mithilfe von Yoga, Krav Maga, Taekwondo und Jägermeister? Nein, das kann es nicht sein.

Ich habe da einen schrecklichen Verdacht. Den Kindern, Enkeln und inzwischen Urenkeln der Kriegsgeneration ist es noch heute peinlich, zugeben zu müssen, dass ihre Ahnen versagt haben, dass sogar die hochgebildeten Kantianer, Hegelianer und Steinerianer von Kaugummi kauenden kulturlosen Banausen, die noch nie eine Zeile von Hölderlin gelesen hatten, befreit werden mussten. Das ist eine schwere Kränkung, die durch keine Anstrengung, der Welt ein Vorbild zu sein, geheilt werden kann.

Einfacher gesagt: Diejenigen, denen die Gnade der späten Geburt zuteilwurde, möchten Opa und Oma rehabilitieren, sie aus der Schmuddelecke der Geschichte herausholen. Wenn es keinen gerechten Krieg gibt, wenn nicht einmal der Krieg gegen die Nazis ein gerechter war und bestenfalls von einer »guten Intention« zeugte, dann muss man sich für Opa und Oma nicht mehr schämen, dann ist man den »Befreiern« nichts schuldig und kann sie aus vollem Herzen hassen und verachten. Der Antiamerikanismus, der große Bruder des Antisemitismus, ist durch den Krieg in der Ukraine neu erblüht. Die Amis sind an allem schuld! Sie sind die Urheber, die Umsetzer und die Profiteure des »Stellvertreterkrieges« in der Ukraine. Sie haben, mithilfe der NATO, die Russen so lange provoziert, bis diese gar nicht anders konnten, als sich gegen die Einkreisung zu wehren. Zwar räumt Frau Käßmann ein, »dass wir es mit dem völkerrechtswidrigen Angriffskrieg eines Diktators auf ein freies Land zu tun haben«, aber was folgt aus dieser Erkenntnis? Nichts, außer dass »wir« dem überfallenen Land nicht helfen sollten, um nicht selbst zur Kriegspartei zu werden. Es ist nicht einmal ein Lippenbekenntnis, es ist pure Heuchelei.

All das wird dem Ansehen, das Margot Käßmann in der deutschen Öffentlichkeit genießt, nicht schaden. Sie gilt als stark, mutig

97

und unbestechlich, die Quersumme aus Jeanne d'Arc, Mutter Teresa und Heidi Kabel.

Bei dem akuten Facharbeitermangel müssen auch die Ansprüche an die Experten der Lage angepasst werden.

Söder, Sex & Circumstances

»A Hund is er scho, der Söder Markus.« Das sagt man in Bayern seit je über Menschen, die wissen, wie man kriegt, was man will, und wenn's nicht ganz auf geradem Wege ist, dann eben querfeldein, neudeutsch queer. Hauptsache kreativ, gewitzt und a bisserl praktisch gedacht.

So will nun auch der Bayerische Ministerpräsident in einem für ihn sehr wichtigen Wahljahr als letztes Bundesland auch für Bayern einen »Queer-Aktionsplan« vorlegen: eine offizielle und strukturelle Unterstützung für lesbische, schwule, bisexuelle, trans- und intergeschlechtliche sowie andere queere Menschen. »Wir brauchen so einen Queer-Aktionsplan«, sagte er demonstrativ in einem Münchner Wirtshaus, in dem auch LGBTIQ-People ihr Bier trinken.

Die Sozialministerin ergänzte, dass mit diesem Plan der Freistaat »jetzt den nächsten folgerichtigen Schritt« gehe, was eigentlich eher nach Olaf Scholz klingt und die Frage aufwirft: Was war der Schritt davor? Wurscht. Ziel sei die »Weiterentwicklung der Strukturen in ganz engem Austausch mit Betroffenen, Verbänden und anderen Ministerien«. Dafür seien, was sonst, Geld und Personal notwendig. Und natürlich Büros mit Glasfaseranschluss, Sekretariat, Yuccapalme, Dienstparkplatz, Reisekostenstelle und Spesenabrechnung.

Es bleibt die Frage: Was machen die dort dann genau? Und was heißt »strukturelle Unterstützung« in »ganz engem Austausch mit Betroffenen«? Geht es um ministerielle Fachberatung zur besseren »Vernetzung« der nicht nur sexuell äußerst diversen LGBTIQ-Szene? Und welche Kernkompetenz bringt die Bayerische Staatsregierung dafür mit, die, folgt man dem Schriftsteller Ludwig Thoma, noch immer auf die göttlichen Ratschläge wartet, die ihr der Engel Aloisius eigentlich überbringen sollte, der das himmlische Manna und das ständige Halleluja-Rufen nicht vertrug. Doch der sitzt bis heute im Hofbräuhaus beim Bier.

Der Söder Markus weiß natürlich, dass sein »Aktionsplan« nach der Landtagswahl vergessen sein und im Dickicht der Ministerialbürokratie sein Eigenleben entfalten wird wie das Rindfleischetikettierungsüberwachungsaufgabenübertragungsgesetz aus dem Jahr 2013. Es wurde inzwischen aufgehoben.

»A Hund is er scho, der Söder Markus.«

Vielfalt – das neue Mantra
einer Ersatzreligion

Wenn Deutsche etwas tun, dann gründlich. Wenn Vielfalt offiziell angesagt ist, wird sie konsequent umgesetzt. Und zwar auf allen Kanälen, bei jeder Gelegenheit, flächendeckend, ausnahmslos und unentrinnbar. Dabei spielt es keine Rolle, was »Vielfalt« bedeutet. Eigentlich lässt sie sich nur am Beispiel erklären, im Kontext, im konkreten Fall. Im modernen Germanistan aber geht es ums Prinzip, dem die Anwendungsbereiche, Verwaltungsverordnungen und Durchführungsbestimmungen auf dem Fuße folgen wie das Amen der Predigt in der Kirche. Es ist das Mantra einer Ersatzreligion in allen Lebenslagen.

Zum Prinzip gehört, dass alle mitmachen, gedanklich einschwenken, sich unterhaken und in die Spur finden. Wer abseits steht, macht sich verdächtig, erst recht all diejenigen, die Vielfalt mit Meinungsvielfalt verwechseln – ein fatales neoliberales Missverständnis von Freiheit. In Wirklichkeit geht es um Einheit in Vielfalt und um Vielfalt in Einheit. Angepackt, mitgemacht, die Reihen fest geschlossen und der Zukunft zugewandt.

So hat der Westdeutsche Rundfunk ohne Zögern eine Beauftragte für Integration und Diversity of content installiert, um ein »vielfältiges Programm für eine vielfältige Gesellschaft« zu garantieren. Wer diesen Anspruch für eine pure Selbstverständlichkeit hält und sich dabei an Joachim Fuchsberger, Peter Frankenfeld und Hans-Joachim Kulenkampff erinnert, kann nur ein alter weißer Mann sein, der im Gestern lebt. Das Heute klingt so, glaubt man dem WDR: »Zur Arbeit im Themenbereich der Vielfalt und Medien gehört auch die Vernetzung innerhalb der ARD und der Europäischen Rundfunkunion EBU, sowie mit gesellschaftlichen Akteur:innen im *Dialogforum Medien und Integration* des Nationalen Aktionsplans Integration, im Beirat für Teilhabe und Integration des Landes NRW und in der Landesinitiative ›Vielfalt verbindet – Interkulturelle Öffnung als Erfolgsfaktor‹. Schon die Sprache macht Lust auf noch mehr Vielfalt – und das Reden über sie.

Im eben noch rot-rot-grün regierten Berlin hat man das längst begriffen und als erstes Bundesland der Senatorin für Justiz auch die Ressorts »Antidiskriminierung« und »Vielfalt« zugeordnet. Ob damit auch die bunte Vielfalt der Verbrechenspalette – vom Trickdiebstahl bis zum Gattenmord – inkludiert ist, blieb freilich offen. Das eine oder andere Opfer wird in der Charité gelandet sein, wo die Gelegenheit besteht, während der medizinischen Behandlung mit einer »Beauftragten für Geschlechtervielfalt« in Kontakt zu treten.

Seit zwei Jahren schon verfügt die bunte Ampel-Regierung über einen Queer-»Beauftragten für die Akzeptanz sexueller und geschlechtlicher Vielfalt«. Sein Pendant in Berlin-Lichtenberg, wo einst Stasichef Erich Mielke residierte und die vielfältigen Feinde des sozialistischen Fortschritts überwachte, trägt den Titel eines »Diversity- und Queerbeauftragten«, der für die »Stärkung der Akzeptanz und Sichtbarkeit von Diversity (Vielfalt) und LSBTTIQ*-Personen« zuständig ist. Auch in Marzahn-Hellersdorf, einst Hochburg der »Sozialistischen Einheitspartei Deutschlands« (SED), amtiert seit Kurzem eine »Beauftragte für Queer, Städtepartnerschaften und Freiwilliges Engagement«. Der neue schwarz-rote Senat will den Posten nun in allen zwölf Bezirken einführen. In Potsdam hat man sogar ein ganzes »Büro für Chancengleichheit und Vielfalt« etabliert, in dem gleich drei Beauftragte gemäß der »Leitlinien für eine moderne Beauftragtenarbeit« ans tägliche Werk gehen. Born to be beauftragt …

Den Bataillonen der Vielfaltsbeauftragten landauf, landab fällt allerdings der kleine innere Widerspruch ihres »Diversity«-Konzepts gar nicht auf: Je »bunter« die Gesellschaft, je mehr Identitäten, Nationalitäten, Geschlechter, Ethnien, Religionen und Kulturen, desto mehr Konflikte entstehen auch. Doch die kritische Auseinandersetzung darüber, die Vielfalt der gesellschaftlichen Debatte, ist eher unerwünscht und gerät in den reflexhaften Verdacht, »diskriminierend« zu sein.

So sind die Freunde der ethnischen Differenz und der queeren Abweichung, ohne es zu merken, auf paradoxe Weise die wahren Gleichmacher, die das Besondere, zuweilen Verstörende, Andersartige gar nicht erst wahrnehmen wollen und damit auch die Unverwechselbarkeit des Anderen zum Verschwinden bringen. Das Fremde wird umstandslos ins eurozentrische Eigene eingemeindet – der abstrakte Imperativ der Vielfalt wird zur Straßenfest-Folklore mit einer Prise westlicher Selbstzerknirschung, in der auch moralische Hybris mitschwingt.

»Früher kamen wir als Eroberer über die Fremden, heute führen wir sie bußfertig auf uns zurück. Sobald etwas Unbekanntes auftritt, beschlagnahmen wir es als Eigenes oder als versäumtes Eigenes« – so beschrieb der Schweizer Schriftsteller Adolf Muschg schon vor Jahrzehnten die merkwürdige Gemengelage. Demnach nistet in der Feier der Vielfalt eine Pseudo-Toleranz, die das zu tolerierende Andere, zuweilen Unangenehme und Gefährliche, nicht wahrhaben will, sondern im Namen des Prinzips tabuisiert. Schon auf der schlichten Beschreibung äußerer Unterschiede und sozialer Gewohnheiten lastet der Generalverdacht des Rassismus. Wenn Zeitgenossen sich gar über Hautfarbe, Sprechweise, Gerüche oder landestypische Gewohnheiten äußern, kann das nur »reaktionäres Stammtischgerede« sein, beim heiligen Jan Böhmermann.

So wird es nur eine Frage der Zeit sein, bis es die ersten Stammtischbeauftragten gibt, die sich darum kümmern, dass endlich auch in bayerischen Wirtshäusern, Frankfurter Ebbelwoi-Kneipen und sächsischen Pilsstuben Vielfalt, interkulturelle Kompetenz, Geschlechtergerechtigkeit und die Sichtbarkeit der LSBTIQ*-Gemeinschaft Einzug halten.

Tierrechte: Menschlichkeit kennt keine Grenzen

Wie viele ältere Menschen neige ich dazu, ab und an Bilanz zu ziehen. Was habe ich gemacht? Was habe ich erreicht? War das Erreichte die Mühe wert? Jede junge Frau, die an oder in der Nähe der Mosel aufgewachsen ist, möchte Weinkönigin werden, um »die Welt ein wenig besser zu machen«. Ein Mann, ausgenommen Hannes Jaenicke, würde so etwas nie sagen, aber die Idee irrlichtert auch in Männerköpfen, nur anders. Im Prinzip ist es immer noch der alte Spruch: »Ein Haus bauen, einen Sohn zeugen und einen Baum pflanzen.«

Mir ist so ein Denken fremd. Eher überlege ich, was ich nicht gemacht habe. Ich hätte mehr Bücher lesen, mehr Sprachen lernen und viel mehr reisen sollen. Jetzt ist es zu spät, um Lemberg oder Odessa zu besuchen. Für meine Gesamtbilanz wäre es besser gewesen, wenn ich mich um Not leidende Kreaturen gekümmert hätte, Menschen oder Tiere. So denkt es in mir, und dann fällt mir ein, dass ich drei herrenlose Hunde gerettet habe. Immerhin.

Ich liebe Tiere, nur geht meine Tierliebe nicht so weit, mich für die Ansiedlung von Wölfen im Westerwald zu begeistern, zugunsten der Biodiversität und zulasten der indigenen Schafe, Ziegen und Hühner. Wenn ich aber höre oder lese, dass ein paar Tierversuchsgegner ein Pharmalabor überfallen und ein Dutzend reizende Beaglewelpen befreit haben, dann tut es mir leid, dass ich bei der Aktion nicht dabei war.

Es ist vermutlich kein Zufall, eher eine Form minimalinvasiver Vorsehung, dass die Initiative »Menschen für Tierrechte – Bundesverband der Tierversuchsgegner« auf mich aufmerksam wurde und mir seitdem ihre Mitteilungen schickt. In der letzten ging es um »betreute Taubenschläge«, die das »Tierleid erheblich reduzieren«.

Bis jetzt war mir das Adjektiv »betreut« nur im Zusammenhang mit Substantiven wie »Leben«, »Wohnen«, »Arbeiten« und »Feiern« bekannt. Von »betreuten Taubenschlägen« hatte ich noch nie gehört. Neugierig geworden, las ich weiter. »Mit betreuten Taubenschlägen können die Städte das gravierende Tierleid bekämpfen und gleichzeitig für mehr Stadtsauberkeit sorgen.« Ein Taubenschlag ist also ein Vogelhäuschen für obdachlose Tauben. In Hamburg gebe es eine solche Einrichtung bereits, und deren Bilanz könne sich sehen lassen: Im Jahre 2022 »waren es 1544 Notfälle und 300 Totfunde«, eine »große Zahl von verletzten, geschwächten und toten Tieren, wobei von einer weitaus höheren Dunkelziffer ausgegangen werden muss«. Das müsse nicht sein. »Nach Berechnungen der Initiative würden durch ein Netz von betreuten Taubenschlägen über 90 Prozent dieser Notfälle gar nicht erst anfallen. Dies wird erreicht, indem die Tiere artgerecht in einem Taubenschlag versorgt werden.« Wie kam diese Zahl von 90 % vermeidbarer Notfälle zustande? Sie reichte knapp an die »96 %« aller Wissenschaftler« heran, die vom »menschengemachten Klimawandel« überzeugt sind. Und tatsächlich ist in der Pressemitteilung die Rede von einem »menschengemachten Leid der Tauben«, das »für die meisten Menschen unsichtbar« bleibe, »da sich geschwächte, kranke oder verletzte Stadttauben zurückziehen«. In Deutschland werde »das integrative Stadttaubenkonzept in schätzungsweise 70 Städten ganz oder teilweise umgesetzt«, Hamburg habe »die Einführung eines Stadttaubenmanagements beschlossen«, in mehreren Bezirken seien »Taubenschläge geplant«. Es gebe bereits »einen Taubenhof für gehandicapte Stadt-, ausrangierte Brief- und Ziertauben«.

Wäre ich eine gehandicapte Stadttaube oder eine ausrangierte Brief- bzw. Ziertaube ohne festen Wohnsitz, würde ich mich sofort auf den Weg nach Hamburg machen und um Aufnahme im Taubenhof bitten. Sollte es eine Obergrenze geben und diese bereits erreicht sein, würde ich so lange über der Einrichtung kreisen, bis ein Platz frei wird. Und gleich einen Antrag auf Familienzusammenführung stellen, unter Berufung auf das integrative Stadttaubenmanagement.

Bei aller Tierliebe, die nicht integrativer und inklusiver sein könnte, frage ich mich doch, ob hier etwas aus dem Ruder gelaufen ist. Tiere retten ist eine feine Sache, und es müssen nicht immer nur Hunde und Katzen sein. Seit ich die Urfassung von *Planet der Affen* gesehen habe, 1968 oder wenig später, frage ich mich, wann die Primaten uns das heimzahlen werden, was wir ihnen antun. Ich finde es weder lustig noch lehrreich, große Tiere in Käfige zu sperren oder sie in Gehegen zu halten, die bestenfalls so groß sind wie eine Schrebergartenkolonie. Ginge es nach mir, müssten Zoologische Gärten und Zirkusse ihren Tierbestand auf Ponys, Fledermäuse und Zwerghühner beschränken. Wer mehr sehen will, soll sich Brehms Tierleben kaufen oder eine Safari in Kenia buchen. Bei Hagenbeck in Hamburg gibt es seit 1931 auch keine Völkerschauen mehr.

Ich will nicht moralisieren. Oder nur ein bisschen: Ist die Idee, einen Taubenhof für »gehandicapte Stadt-, ausrangierte Brief- und Ziertauben« einzurichten, nicht etwas frivol angesichts der vielen Obdachlosen, die unter Brücken hausen? Mich erinnert das Hamburger Projekt an die Debatte um den bedrohten »Lebensraum« der Juchtenkäfer beim Bau des neuen Stuttgarter Hauptbahnhofes. Da hat man es geschafft, die Tierchen »umzusiedeln«. Menschlichkeit kennt keine Grenzen.

Tom Lehrer, ein amerikanischer Liedermacher, an den sich nur Angehörige der Generation 70+ erinnern können, schrieb vor Jahrzehnten einen Song, den zu schreiben sich heute kein »Comedian« trauen würde: »Poisoning Pigeons in the Park«. Georg Kreisler hat den Titel eingedeutscht. »Geh ma Tauben vergiften im Park«. Auf Wienerisch ausgesprochen, klingt das wie eine Einladung zum Heurigen.

Herr Bangel erklärt sich für schuldig

Das Online-Kulturmagazin *Perlentaucher* macht jeden Tag auf lesenswerte Beiträge in den analogen und digitalen Feuilletons der wichtigen Medien aufmerksam. Meistens nur mit einem Satz, der den Inhalt des Beitrags zusammenfasst. Das ist sehr nützlich, weil es einem viel Zeit erspart. Warum soll ich ellenlange Texte in der *FAZ*, der *SZ* oder *Neuen Osnabrücker Zeitung* lesen, wenn man das, was in dem Beitrag steht, in zwei Zeilen komprimieren kann? Ich esse auch nicht ein Kilogramm Sauerampfer, wenn ich die gleiche Dosis an Vitamin A, B und C mit einer Tablette einnehmen kann.

Am 10. Mai, dem Vorabend eines weiteren Flüchtlingsgipfels bei Kanzler Scholz, verwies der *Perlentaucher* auf einen längeren Kommentar auf *Zeit.de*, in dem ein Mitarbeiter namens Christian Bangel dafür plädiert, »dass wir mehr Flüchtlinge aufnehmen, weil wir für die meisten Fluchtgründe verantwortlich und deshalb zur Hilfe verpflichtet seien«.

Der Name des Verfassers sagte mir nichts. Was wiederum nichts besagt, weil ich vor Jahren aufgehört habe, die *Zeit* zu lesen, vor allem wegen der Beiträge des stellvertretenden Chefredakteurs Bernd Ulrich, der seit dem Fall der Mauer auf ein Angebot aus dem Bundespresseamt wartet, in den Dienst dieser Agentur einzutreten. Aber dieses Mal wollte ich es wissen. Kann es wirklich sein, dass jemand – Frau, Mann oder eine nicht binäre Person – will, dass »wir« mehr Flüchtlinge aufnehmen, weil »wir« für die meisten Fluchtgründe verantwortlich sind?

Ich überwand meinen inneren Schweinehund, gab »Zeit« und

»Bangel« bei Google ein und landete sofort bei dem Corpus Delicti, Bangels Aufsatz bei *Zeit online*. Der Titel – »Orbans Traum« – war ein wenig irreführend, aber tendenziell richtig. Es sei »offenkundig«, dass »nach jahrelangen fruchtlosen Debatten« über das Flüchtlingsproblem »nur noch das Modell Orbán übrig geblieben« ist: »eine zunehmend militarisierte Abschottung, deren Folge der Tod von immer mehr Menschen ist«. Und: »Das alltägliche Sterben Hilfesuchender an unseren Grenzen wird sich durch die vom Westen verursachte Klimakrise verschärfen …« Im Osten, in den Weiten der russischen Föderation, in China, Indien und den Ländern des »globalen Südens«, werden offenbar keine klimaschädlichen Substanzen emittiert.

Ich will hier nicht auf jede sinnfreie oder sinnverkehrte Behauptung Bangels eingehen wie die, in Deutschland würden »längst nicht mehr nur Ärztinnen und Informatiker« gebraucht, »sondern auch Handwerker, Pizzabotinnen, Krankenpfleger, Lastwagenfahrerinnen …«

So sehe ich das auch. Vor allem der Mangel an Pizzabotinnen und Lastwagenfahrerinnen sorgt für eine Unterbrechung der Lieferketten.

Aus jedem zweiten Satz in Bangels Besinnungsaufsatz spricht der Wunsch, schuldig zu sein. Er lässt keine Unschuldsvermutung zu, beklagt »die Folgen einer westlichen Wachstums- und Ausbeutungspolitik, die auf der Welt lastet, sei es durch die Verursachung der Klimakatastrophe oder die Folgen, die der Kolonialismus bis heute zeitigt«.

Das mit der Verursachung der Klimakatastrophe zieht sich wie ein »Mea culpa!« durch den ganzen Text, und bei den Auswirkungen des Kolonialismus bis heute unterbleibt jedes Wort über die Milliarden an Entwicklungshilfe, die der Westen in die Not leidenden Länder in Afrika und Asien transferiert in der absurden Hoffnung, sich vom Vorwurf des Kolonialismus freikaufen zu können. Unerwähnt bleibt auch der russische bzw. sowjetische Kolonialismus, dessen desaströse Folgen jeder sehen kann, der sich aus den glitzernden Städten der ehemaligen russisch-sowjetischen Kolonien in die Provinz verirrt, wo weder Prada noch Gucci, nicht einmal Boss vertreten sind. Kein Wort auch zum Beitrag indigener Despoten und Diktatoren an der Verelendung der von ihnen regierten Staaten, an Korruption und Misswirtschaft. Idi Amin, Robert Mugabe, Kaiser Bokassa, Omar al-Bashir – was fällt uns bei diesen Namen ein? Nichts. »Der Westen« ist an allem schuld, und am schlimmsten ist, dass er den ausgebeuteten Menschen das Recht auf Zuwanderung verweigert. »Auch außerhalb Deutschlands wird sehr wohl verfolgt, wie teils selbstherrlich, rassistisch und einseitig hierzulande Migrationsdebatten laufen.«

Ich kann nachvollziehen, dass viele und vor allem jüngere Deutsche ein Selbstfindungsproblem haben. Dass ihnen nichts geboten wird, was über die Sicherung der materiellen Existenz hinausgeht. Am Ende des Tages ist die Work-Life-Balance alles, worüber man sich unterhält, derzeit ist es die Vier-Tage-Woche bei vollem Lohnausgleich. Das ist teils unbefriedigend und zugleich auch anstrengend wie ein One-Night-Stand nach einer Betriebsfeier. Und da muss man sich etwas einfallen lassen, das den Frust abfängt und ins Positive wendet – unsere Kolonialgeschichte! Die währte zwar nur kurz und war 1918, also vor über 100 Jahren, vorbei, aber ihre Nachbeben sind bis heute zu spüren. Wie die Folgen der Schlacht von Tours und Poitiers im Jahre 732 oder der Schlacht auf dem Amselfeld von 1389. Über diese Ereignisse ist auch nach Hunderten von Jahren nur wenig Kraut gewachsen.

Der deutsche Antikolonialismus ist eine Kopie des deutschen Antifaschismus. So wie die organisierte Antifa ihre Kraft aus einem imaginierten, fiktiven Faschismus bezieht, so tut der Antikolonialismus so, als wären Kamerun, Togo und Deutsch-Samoa noch immer deutsche Kolonien. Der aktuelle Kolonialismus ist, ebenso wie der Faschismus, ein »struktureller«, das heißt, er gehört zu Deutschland, zur nationalen DNA. »Strukturell« ist ein Zauberwort wie »authentisch«, damit kann alles begründet und erklärt werden. Der Rassismus, die Fremdenfeindlichkeit, die Homophobie, die Misogynie, der Waschzwang und auch die Klimakatastrophe, die für jedes Gewitter in der Eifel und jede Hitzewelle in Afrika ursächlich ist. Und deswegen sind wir, die reichen Bürger des globalen Nordens, für »die meisten Fluchtgründe verantwortlich und deshalb zur Hilfe verpflichtet«. Sollte es irgendjemand an dieser Stelle wagen, »warum eigentlich?« zu rufen, bekäme er oder sie umgehend einen Platzverweis und müsste zur Strafe Jan Böhmermanns *ZDF Magazin Royal* schauen. Und im Wiederholungsfall mit Kapitän Max Parger alias Florian Silbereisen eine »Kreuzfahrt ins Glück« auf der MS Deutschland antreten.

Was heißt hier Heimat?

Die Älteren werden sich noch an den historischen Augenblick erinnern: Angela Merkel warb im Bundestagswahlkampf 2017 »für ein Deutschland, in dem wir gut und gerne leben«. Eine absolut konsensfähige Ansage, die immerhin für einen knappen Sieg reichte. Denn wer wollte schon schlecht und ungern leben, selbst wenn er in Offenbach, Finsterwalde oder Bielefeld wohnen muss?

Das Land hatte gerade mehr als eine Million Flüchtlinge aufgenommen, was zu großen politischen Verwerfungen unter jenen führte, »die schon länger hier leben«. Derart empathisch, geradezu überschwänglich umschrieb Merkel jenen Teil der Bevölkerung zwischen Flensburg und Füssen, den man früher das »deutsche Volk« genannt hätte, so, wie es immer noch am Berliner Reichstag steht: Deutsche, Einheimische, Staatsbürger oder einfach die »lieben Mitbürgerinnen und Mitbürger«, also all jene, die nicht erst vor Kurzem übers Mittelmeer, die Balkanroute oder per Flugzeug eingereist waren, sondern sich noch an den ersten *Tatort* mit Götz George alias »Schimanski« erinnern können, an Heinz Erhardts Gedichte und Romy Schneider als »Sissi«, die ihren Franzl alias Karl-Heinz Böhm über alles liebte.

Wer schon länger hier lebt, hat also eine Geschichte. Wie aber nennt man das? Vaterland mit Muttersprache? Mein Zuhause? Unsere Heimat gar? Um Gottes willen! *Eure Heimat ist unser Albtraum* hieß ein spektakulärer Sammelband migrantischer Autoren, darunter Hengameh Yaghoobifarah, Mithu Sanyal und Enrico Ippolito, der 2019 zum Bestseller wurde. Die These: Das strukturell rassistische, postkolonialistische und sexistische Deutschland könne keine menschenwürdige Heimat für »Schutzsuchende«, »Geflüchtete« und andere Zuwanderer sein.

Dass sie immer noch in Scharen ausgerechnet hierherkommen, zeigt nur, wie groß ihre Not ist.

Doch auch für diejenigen, die schon länger hier leben, ist das Reden von der Heimat toxisch geworden. Spätestens seit 1945 atmete »Heimat« den alten Nazigeist von Blut und Boden, schwerer Ackerscholle und braunem Jägerzaun, hinter dem sich eine Armada von Gartenzwergen verbarg. Das Zigeunerschnitzel, dem standesgemäß mehrere Jägermeister folgten, vervollständigte das Schreckensbild, zu dem der sonntägliche Kirchgang und das örtliche Schützenfest gehörten wie der berüchtigte deutsche Heimatfilm der Fünfzigerjahre. Ob *Der Förster vom Silberwald, Wo der Wildbach rauscht* oder *Einmal noch die Heimat seh'n* – der deutsche Nachkriegsfilm, das Heile-Welt-Kino, trieb eine ganze Generation ästhetisch auf die Barrikaden und ins innere Exil.

Heimat war Teil eines reaktionären Weltbildes, ein Graus, eine protofaschistische Spießerhölle, die in den Siebzigerjahren viele junge Menschen in die Flucht schlug – nach Berlin, München, Frankfurt, Köln und Hamburg. Deutschland peinlich Vaterland! Nie wieder Leberwurst! Nie wieder Heimat! Noch 2010 bekannte der grüne Vizekanzler Robert Habeck in einem Buch: »Patriotismus, Vaterlandsliebe also, fand ich stets zum Kotzen. Ich wusste mit Deutschland nichts anzufangen und weiß es bis heute nicht.«

Das will Bundesinnenministerin Nancy Faeser (SPD) nun nachhaltig ändern. »Wir müssen den Begriff Heimat positiv umdeuten und so definieren, dass er offen und vielfältig ist«, sagte sie 2022. »Und dass er ausdrückt, dass Menschen selbst entscheiden, wie sie leben, glauben und lieben wollen.«

Dies nun wäre wieder eine pure Selbstverständlichkeit in einem freien, demokratisch regierten Land. Nicht so in Germanistan. In Frankreich und Italien muss die Heimat erst gar nicht »positiv umgedeutet« oder von einer sozialwissenschaftlichen Evaluierungskommission als »offen« und »vielfältig« definiert werden. Sie ist einfach da. Jeder hat eine *Citta natale* – den Geburtsort, familiäre Wurzeln, die Kindheit im Salento, Freunde, Arbeitskollegen, Liebschaften. Man lebt einfach nach der eigenen Fasson, trägt in Avignon das Baguette unterm Arm wie eh und je und trinkt in Mailand oder Rom den morgendlichen Espresso selbstverständlich im Stehen. Die Franzosen, sprachlich opulent ausgestattet, verfügen neben *patrie, refuge* und *pays d'origine* sogar noch über eine Langfassung: »*l'endroit où l'on se sent chez soi*«.

Der Ort, wo man sich zu Hause fühlt.

Das ist natürlich viel zu einfach, geradezu gefährlich naiv formuliert und wird der gesellschaftlichen wie historischen Komplexität der Sache nicht annähernd gerecht. Denn das angeblich Eigene – die in Jahrhunderten gewachsene Kultur, die Traditionen und Alltagsgewohnheiten – grenzt die anderen strukturell aus, ist diskriminierend, ethno-zentristisch, schlimmstenfalls rassistisch. Eben ein Albtraum.

Kein Wunder, dass man von der Umdeutungsoffensive der Innenministerin in Sachen Heimat zuletzt nichts mehr gehört hat. So bleibt es vorläufig dabei, dass wir zu denen gehören, die schon länger hier leben. Das muss reichen. Viel wichtiger ist, dass wir jetzt Tempo beim Einbau von Wärmepumpen machen.

Ostermarsch forever: Der deutsche Pazifismus lebt!

Jedes Land hat seine Riten und Rituale. Manche kommen und gehen so wie der *Blaue Bock* mit Heinz Schenk und *Wetten, dass…?* mit Thomas Gottschalk; andere sind objektiv unausweichlich wie der *Tatort* am Sonntagabend und der alljährliche Armutsbericht des Paritätischen Wohlfahrtsverbandes. Für immer und ewig aber bleiben die jährlichen Ostermärsche Teil der deutschen Folklore. Seit den Fünfzigerjahren des letzten Jahrhunderts ziehen unverdrossene Friedensfreunde durch Dörfer und Städte, um gegen Kriege, Waffen überhaupt und die weltweite Aufrüstung zu protestieren, und selbst wenn, wie in diesem Jahr, die Beteiligung bundesweit auf ein paar Tausend Menschen geschrumpft ist, widmet ihr die *Tagesschau* am Ostermontagabend einen prominent platzierten, ausführlichen Filmbericht, in dem ein Satz niemals fehlen darf: »Die Veranstalter ziehen eine positive Bilanz.«

Detaillierter werden die Zuschauer, abgesehen von ein paar Bildern und O-Tönen, gewöhnlich nicht informiert, und mehr müssen sie auch nicht wissen. Nur besonders wache, ein bisschen nervöse Zeitgenossen nehmen perfekt gereimte Forderungen zur Kenntnis, die wie die Donnerblitze des Zeus zwischen die verunsicherten Menschen fahren: »Frieden, Heizung, Brot / statt Waffen, Krieg und Tod!« Wer wollte da widersprechen, obwohl Heizung und Krieg durchaus keine Gegensätze sein müssen? Auch Brot und Waffen sind keineswegs inkompatibel, denn auch der Soldat braucht was zu essen. Doch das sind bedeutungslose Kleinigkeiten.

Ganz ungereimt, aber politisch auf den Punkt gebracht, kam der

Cantus Firmus des Ostermarsches 2023 daher: »Die NATO ist der Aggressor – Frieden mit Russland!« Im Aufruf aus dem nordrhein-westfälischen Hamm, dort, wo sich wundersamerweise gleich mehrere Zugstrecken der Deutschen Bahn kreuzen, wurde die Bundesregierung ultimativ aufgefordert: »Beenden Sie die sinnlosen Sanktionen gegen Russland!« Auch in Berlin hieß es »Schluss mit Kriegshetze und Sanktionen!«. Der Westen solle seine Aggression gegen das friedliebende Russland umgehend einstellen.

Der Aktivist Reiner Braun vom »Netzwerk Friedenskooperative« zählt im *Tagesspiegel* »etliche historische Gelegenheiten« auf, bei denen man eine Einigung mit Russland hätte erreichen können. Doch inzwischen, so der Friedenskämpfer, hätten die Ukrainer ihr »Selbstbestimmungsrecht verwirkt«, der Staat sei bankrott, korrupt, kaputt. Putins »Spezialoperation« also ein Akt christlicher Nächstenliebe.

Das sieht zwar nicht jeder Ostermarschierer so, auch nicht jede Ostermarschiererin, aber es gehört zum festen Traditionsbestand des österlichen Friedensrituals, dass stets Amerika, der Westen und die NATO angeprangert werden, während Russland, China, Iran und Nordkorea praktisch nicht existieren, und wenn, dann als Opfer.

Nun gehört es zu religiösen Exerzitien, dass sie immer gleich ablaufen, ob »Urbi et Orbi«, der österliche Segen des Papstes auf dem Petersplatz, oder das *Frühlingsfest der Volksmusik* mit Florian Silbereisen, und so ist auch bei den Ostermärschen allenfalls in Nuancen eine Abweichung vom Ritus zu beobachten. Denn es geht einzig um den eigenen Seelenfrieden. Den lässt man sich von der hässlichen Wirklichkeit nicht zerschießen. Dieser Hang zum Idealismus ist ein wahres Markenzeichen von Germanistan in den Zeiten der Ampel. Und so wird die *Tagesschau* auch an Ostern 2024 wieder eine »positive Bilanz« der Ostermärsche vermelden, ganz egal, was bis dahin in der Ukraine, im Nahen Osten oder auf Taiwan passiert sein wird.

Nie wieder Bücherverbrennung?
Warum nicht?

Was die jüngste deutsche Geschichte angeht, vor allem die Jahre von 1933 bis 1945, so treten in Deutschland zwei diametral entgegengesetzte Ansichten gegeneinander an: Kein anderes Land hat seine Geschichte dermaßen gründlich aufgearbeitet wie die deutsche Bundesrepublik, sich zu seinen Sünden und Verbrechen bekannt und »Wiedergutmachung« geleistet. Es folgt der Hinweis auf Japan und Russland, zwei Nationen, die unter vielem leiden, nur nicht an schlechtem Gewissen gegenüber den Opfern ihres totalitären Größenwahns.

Die andere Seite sagt: Deutschland hat seine Vergangenheit weder aufgearbeitet noch bewältigt, sondern sich nur freigekauft. Der Schoß ist fruchtbar noch, die Geschichte kann sich wiederholen, weswegen man »den Anfängen wehren« müsse. Wie es die Friedrich-Ebert-Stiftung tut, die zu einem »literarisch-musikalischen Gedenken an den Tag der Bücherverbrennung« einlädt. Motto der Veranstaltung: »Nie wieder Bücherverbrennung!«

Dem Thema wohnt insofern eine nicht eingeplante Aktualität inne, als derzeit eine heftige Debatte darüber geführt wird, wie und womit man heizen soll, um Energie zu sparen und die Umwelt zu schonen. Schon aus diesen beiden Gründen käme niemand auf die Idee, Bücher zu verbrennen. Die dabei erzeugte Wärme würde sinnlos verpuffen und die CO_2-Emissionen in die Höhe treiben. Und das will wirklich niemand, dem Klimaschutz ein Herzensanliegen ist.

Während ich diese Zeilen schreibe, fällt mir ein, dass ich noch nie ein Buch über »Klima und Klimaschutz im Dritten Reich« in der

Hand hatte. Es mag eines oder auch zwei geben, der Wald als solcher ist schon seit der Varusschlacht ein Ort pangermanischer Sehnsüchte, aber wenn es so ein Buch wirklich gäbe, wäre es längst bei *TTT* oder *Aspekte* besprochen worden. Und ich hätte es bemerkt.

Zurück an den Anfang und zu der Frage, ob und wie Deutschland seine Vergangenheit bewältigt hat. Die Antwort lautet weder Ja noch Nein, sondern: »Es ist work in progress!« Und die ist von einer seltsamen Verfasstheit, die allen optischen und physikalischen Regeln widerspricht. Normalerweise ist es ja so, dass ein Gegenstand umso kleiner wird, je weiter man sich von ihm entfernt, und umso größer, je näher man ihm kommt. Beim Dritten Reich ist es genau umgekehrt, wie in Michael Endes Märchen vom Scheinriesen. Je länger diese zwölf schicksalhaften Jahre zurückliegen, umso mehr Raum nehmen sie in der öffentlichen Wahrnehmung ein. Ohne die »Antifa« geht heute nichts mehr, obwohl sie ihre Konjunktur der Abwesenheit einer organisierten »Fa« verdankt. Es sieht aus, als wären von den 1000 Jahren, die 1933 begannen, erst 90 Jahre abgearbeitet worden und als lägen noch genau 910 Jahre vor uns. Eine grauenhafte Vorstellung, schlimmer als jeder Thriller von Stephen King.

Nehmen wir als aktuelles Beispiel den Fall des ehemaligen Radio-Bremen-Intendanten und früheren ARD-Programmdirektors Hans Abich. Ende April 2023 gab die ARD auf ihrer Homepage bekannt, Abich – klingt ein wenig wie »Nebbich«, oder? – habe »falsche Angaben zu seiner Biografie während der Zeit des Nationalsozialismus gemacht«. Das sei das Ergebnis einer »Untersuchung«, welche »die Intendantinnen und Intendanten bei der Historischen Kommission der ARD (HiKo) in Auftrag gegeben haben«.

Hans Abich wurde 1918 geboren, er starb im Jahre 2003. Und dann dauerte es nur noch 20 Jahre, bis ein »Team« unter der Leitung eines Salzburger Professors herausfand, dass er seine Biografie ein wenig aufgehübscht hatte. »Hans Abich arbeitete entgegen seiner eigenen Erzählung für das Propagandaministerium und für Zeitschriften der Studentenschaft, die die damalige Ideologie transportierten.« Zwar war er »als Mittzwanziger in den Funktionsketten des Regimes noch nicht weit aufgerückt«, aber dennoch »Teil einer Säule des NS-Regimes, die die faschistische Ideologie förderte«.

Damit habe Abich »zur Verbreitung und Legitimation von Rassismus und Antisemitismus, von Führerkult und Kriegsbegeisterung beigetragen«.

Das hatten auch Werner Höfer (*Der Internationale Frühschoppen*) und Henri Nannen (*stern*) als Propaganda-Assistenten getan, waren aber schon früher aufgeflogen. Abich hatte Glück. Bis sich jemand die Mühe machte, seine biografischen Angaben mit Dokumenten abzugleichen. Der daraus resultierende Artikel erschien in der *ZEIT* und war der Auslöser für die Historische Kommission der ARD, sich des Falles anzunehmen.

Abich wurde sozusagen exhumiert, vor ein virtuelles Gericht gestellt und als »Teil einer Säule des NS-Regimes« verurteilt, wobei ihm mildernde Umstände zuerkannt wurden. Als »Mittzwanziger« war er im NS-Apparat noch nicht weit gekommen und hatte kein Unheil angerichtet. Ganz anders der Verwaltungsjurist Hans Globke, von 1953 bis 1963 Chef des Bundeskanzleramtes unter Konrad Adenauer. Er war nicht »Teil einer Säule des NS-Systems«, sondern einer der tragenden Balken – als Mitverfasser und Kommentator der Nürnberger Rassengesetze, der gesetzlichen Grundlage für die Ausgrenzung und Sonderbehandlung der Juden.

Oder Hans Filbinger, auch er ein Verwaltungsexperte und von 1966 bis 1978 Ministerpräsident von Baden-Württemberg. Er wäre gerne noch länger in dem Amt geblieben, hätte der Schriftsteller Rolf Hochhuth nicht einige angestaubte Akten gefunden, aus denen hervorging, dass Filbinger NSDAP-Mitglied war und als Marinerichter für mindestens vier Todesurteile gegen Wehrkraftzersetzer verantwortlich zeichnete. Alles, was heute an ihn erinnert, ist der Satz: »Was damals Recht war, kann heute nicht Unrecht sein«, mit dem er sich von jeder Schuld, dem NS-Regime gedient zu haben, freisprach.

Ich erwähne die Fälle Globke und Filbinger nicht, weil sie Ausnahmen, sondern weil sie die Regel waren. Der Fachkräftemangel ist kein neues Phänomen. Mit wem hätte die Bundesrepublik den

Wiederaufbau schaffen sollen, wenn nicht mit dem Personal der Vorgänger-Regierung? Objektiv gesehen macht es keinen Unterschied, ob eine Fachkraft Kohle- oder Menschentransporte organisiert. Sie muss es nur können. Seltsam ist nur, dass man die Nazis in der Verwaltung, in der Justiz, in den Medien gewähren ließ, solange man ihrer habhaft werden konnte, im Vertrauen auf die »biologische Amnestie«, die das Problem der Mittäterschaft auf eine natürliche Weise lösen würde. Nun, da so gut wie alle Täter mit dem Führer wieder vereint sind, holt die Justiz zu einem allerletzten Schlag aus und stellt 100-Jährige vor Gericht, die in einem KZ Listen geführt haben. Das ist schon absurd; noch irrer wird es aber, wenn man erfährt, dass die Prozesse vor einer Jugendstrafkammer stattfinden, weil die Angeklagten zur Tatzeit noch nicht volljährig waren. Das ist nicht mehr zu toppen. Das ist Wagners Götterdämmerung, gespielt auf der Karl-May-Bühne in Bad Segeberg mit Florian Silbereisen als Siegfried und Ricarda Lang als Brünnhilde, während eine Junkers Ju 52 über der Freilichtbühne kreist mit einem Banner im Schlepptau, auf dem drei Worte stehen: »Nie wieder Bücherverbrennung!«

Frau Faeser und das große Glück

Das »Wunder von Bern« ist jedem Mann und jeder Frau ein Begriff, der/die sich für Fußball interessiert.

Das »Wunder von Lengede« bezieht sich auf ein Grubenunglück im Jahre 1963, bei dem 29 Bergleute ums Leben kamen und elf eingeschlossene Kumpel nach 14 Tagen ohne Nahrung und ohne Licht lebend geborgen werden konnten.

Das »Wunder von Kärnten« ist ein Fernsehfilm aus dem Jahre 2011, der auf einer wahren Begebenheit aus dem Jahre 1998 basiert: Ein junger Herzchirurg rettet einem vierjährigen Mädchen das Leben, nachdem es bereits für tot erklärt wurde.

Das »Wunder von Manhattan« ist eine amerikanische Filmkomödie aus dem Jahre 1994 über einen als Weihnachtsmann verkleideten Kaufhausangestellten, der sich für den »echten« Weihnachtsmann hält.

Die Mutter aller Wunder ist freilich etwas älter. Im Jahre 165 v. Chr. wollten die Makkabäer den von den Seleukiden zurückeroberten Tempel neu einweihen und brauchten Öl, um Lichter zu entzünden. Sie fanden eine kleine Flasche mit Lampenöl, das für einen Tag gereicht hätte, aber acht Tage brannte. Seitdem feiern die Juden »Chanukka«, das Lichterfest, das zeitlich oft mit Weihnachten zusammenfällt.

Wenn von Wundern die Rede ist, müssen zwei extrem erfolgreiche Titel aus der Abteilung »Schlager« erwähnt werden. »Ich weiß, es wird einmal ein Wunder geschehen«, im Kriegsjahr 1942 produziert und von Zarah Leander gesungen, und »Wunder gibt es immer wieder«, mit dem Katja Ebstein beim Eurovision Song Contest 1970 in Amsterdam den dritten Platz für Deutschland ersang – was in der Tat an ein Wunder grenzte.

Man sollte allerdings meinen, dass es in einer aufgeklärten, liberalen und vernunftgeleiteten Gesellschaft keinen Platz für Wunder und Wunderglauben gibt. Und dass die »Wunderwaffe«, die in Peenemünde gebaut wurde und dem Dritten Reich zu einem Sieg über das Vereinigte Königreich verhelfen sollte, das letzte Kapitel in der langen Geschichte der Wunderwaffen war. Aber das wäre eine voreilige Annahme. Noch im Juni vergangenen Jahres drohte Putin mit dem Einsatz neuer Hightech-Waffen, »für die es weltweit kein Pendant gibt«.

In Deutschland hat der Begriff »Wunder« eine seltsame Metamorphose durchlaufen, kurz gesagt, vom Wanderjuden zum Wunderjuden. Zum 70. Jahrestag der Gründung des Zentralrates der Juden in Deutschland überschrieb die *FAZ* einen Bericht über das Jubiläum mit der Zeile: »Das große Wunder der Nachkriegszeit«. Der Beauftragte der Bundesregierung für jüdisches Leben und Kampf gegen Antisemitismus, Felix Klein, sagte in einem Interview mit der *FR:* »Es ist ein Wunder, wie vielfältig jüdisches Leben in Deutschland wieder ist.« Ähnlich äußerte sich Bundesinnenministerin Nancy Faeser in einer Pressemitteilung ihres Hauses anlässlich der Unterzeichnung eines »Änderungsvertrages« zwischen dem Bundesministerium des Inneren und dem Zentralrat der Juden über eine »Erhöhung der Leistungen der Bundesregierung an den Zentralrat der Juden« von 13 auf 22 Millionen Euro jährlich: »Es ist ein Wunder und ein großes Glück, dass es nach dem von Deutschen begangenen Menschheitsverbrechen des Holocaust heute wieder so vielfältiges jüdisches Leben in Deutschland gibt.« (Was würde Frau Faeser vermissen, gäbe es heute kein so vielfältiges jüdisches Leben in Deutschland? Den Geschmack von Gefilte Fisch, den Geruch von Lattkes, die Auftritte von Igor Levit, die Festreden von Josef Schuster, die »Woche der Brüderlichkeit«, die Ergebenheitsadressen »jüdischer Promis« zugunsten von Claudia Roth?)

In einem Festvortrag anlässlich der Veranstaltung »900 Jahre jüdisches Leben in Thüringen« sagte der Präsident des Zentralrates der Juden, Josef Schuster, es wäre »doch ein kleines Wunder, dass wir solche Jahrhundertjubiläen überhaupt begehen«.

Bundespräsident Frank-Walter Steinmeier bedankte sich für die Verleihung der Leo-Baeck-Medaille durch das gleichnamige New Yorker Institut mit den Worten: »Wenn ich heute, 70 Jahre später, als zwölfter Bundespräsident hier vor Ihnen stehe, empfinde ich Dankbarkeit und Demut für das Wunder der Versöhnung, das mir und meinem Land zuteilgeworden ist.«

Man muss schon ein begnadeter Spaßvogel sein, um die Opfer der eigenen Geschichte dermaßen schamlos zu instrumentalisieren. Danke, liebe Juden, danke, dass ihr uns vergeben habt! Dankbar und demütig ergreifen wir eure Hand und vergeben uns, was wir euch angetan haben. Hallelujah!

Man muss freilich zugeben: Es gibt auch Juden, die es genießen, Seelsorger zu spielen, die den Tätern bzw. deren Nachkommen die Absolution erteilen, wofür diese sich postwendend erkenntlich zeigen, indem sie das vielfältige jüdische Leben in Deutschland generös fördern, mit 22 Millionen Euro jährlich, die wiederum dazu benutzt werden, um ein vielfältiges jüdisches Leben in Deutschland zu inszenieren, das es ohne die staatliche Förderung nicht geben würde, nicht geben könnte. So gesehen, waren auch die potemkinschen Dörfer eine architektonische Meisterleistung.

Die Inszenierung jüdischen Lebens in Deutschland toppt alle vorausgegangenen Wunder, es ist sozusagen ein Sprung vom Zehnmeterbrett in ein Becken ohne Wasser. Wenn der Antisemitismus-Beauftragte der Bundesregierung sich darüber freut, »wie vielfältig jüdisches Leben in Deutschland wieder ist«, dann muss man ihn daran erinnern, dass sogar im Getto von Theresienstadt »ein unglaublich vielfältiges Kulturleben« stattfand. Es gab Theateraufführungen, Kabarettrevuen, Konzerte, Literaturzirkel. Smetanas »Verkaufte Braut« wurde gespielt, ebenso Verdis »Requiem«, in kleiner Besetzung. Die Kinderoper »Brundibar« wurde in Theresienstadt uraufgeführt.

Alles ohne staatliche Förderung. Kulturelle Vielfalt ist eben kein Maßstab für ein Leben in Freiheit, Sicherheit und Würde. Wo diese Vielfalt aufhört, weiß auch der Antisemitismus-Beauftragte. Sonst würde er nicht mit aller Klarheit eine unschöne Botschaft verkünden: »Es ist leider Realität, dass jüdische Einrichtungen geschützt werden müssen und dass gerade Kippa tragende Menschen immer wieder angegriffen werden.« Dazu gehört auch, dass der Antisemitismus-Beauftragte mit angezogener Handbremse Gas gibt.

Er sagt nicht, von wem die Kippa tragenden Menschen immer wieder angegriffen werden. Sind es Aliens, die im Donauries bei Nördlingen gelandet sind, slowakische Pfadfinder, die sich am Kamener Kreuz verfahren haben, oder besorgte Mütter, die ihre Kinder davor bewahren wollen, zu Matzenbrei verarbeitet zu werden?

Wer ist es, der jüdische Einrichtungen bedroht und Kippaträger angreift? Könnte es vielleicht eine soziokulturelle Verbindung zu den Kreisen geben, aus deren Mitte bei israelkritischen Demonstrationen »Tod Israel! Tod den Juden!« gerufen wird?

Unter solchen Umständen ist der Jubel über das »Wunder« eines wiedererstarkten jüdischen Lebens wundersame Autosuggestion. Und die Juden? Die freuen sich, dass der deutsche Staat seine schützende Hand über sie hält. Das ist allemal besser, als vom Staat ganz ohne 9-Euro-Ticket von einem Lager in ein anderes befördert zu werden.

Aber ein Wunder ist es nicht.

Sauberes Olympia – made by Faeser

Wie der Berliner *Tagesspiegel* meldet, denkt Bundesinnenministerin Nancy Faeser laut darüber nach, die Olympischen Spiele 2036 nach Berlin zu holen, genau 100 Jahre nach den »Nazi-Spielen« von 1936. »Ich werbe da sehr stark für«, sagte sie in einem Interview; so könne man »die Geschichte begleitend aufarbeiten und zeigen, dass auch Demokratien mit Menschenrechtsstandards solche Weltevents austragen wollen«.

Frau Faeser hat sich während ihrer kurzen Amtszeit einen gewissen Ruf als Humoristin erworben, u. a. mit der Vorstellung eines neuen »Phänomenbereichs« namens »verfassungsschutzrelevante Delegitimierung des Staates« und ihrem »Appell« an Corona-Demonstranten, sie könnten ihre »Meinung auch kundtun, *ohne* sich gleichzeitig an vielen Orten zu *versammeln*«, also vom Sofa in der guten Stube oder aus der gemütlichen kleinen Bar im Keller des Reihenhauses mit einem Glas Nordhäuser Doppelkorn in der Hand.

Die Idee, die Olympischen Spiele nach Berlin zu holen, um zu zeigen, dass auch Demokratien mit Menschenrechtsstandards solche Weltevents austragen wollen –, sie wollte vermutlich »können« sagen – übertrifft alles, was sie bis jetzt unternommen oder unterlassen hat, einschließlich der Weigerung, eine »Obergrenze« für die Aufnahme von »Geflüchteten« einzuführen. Man könnte den Einfall auch »geschichtsvergessen« nennen, wenn eine andere Deutung nicht näherläge.

Wir haben es mit einem Fall von »Wiederholungszwang« zu tun, einem von Sigmund Freud analysierten Phänomen »zur Begründung des sonst schwierig zu erklärenden menschlichen Impulses, unangenehme oder sogar schmerzhafte Gedanken, Handlungen, Träume, Spiele, Szenen oder Situationen zu wiederholen«.

Neben dem »Instanzenmodell« von Ich, Es und Über-Ich, dem »Penisneid der Frauen« und der »Sublimation« ist die Theorie vom Wiederholungszwang eine tragende Säule der freudschen Psychoanalyse.

Das soll natürlich nicht heißen, dass Frau Faeser die Olympischen Spiele von 1936 reinszenieren möchte, so wie die Amerikaner die großen Schlachten aus den Jahren des Bürgerkrieges nachspielen. Solche Spektakel heißen »Re-enactment« und sind in den USA sehr beliebt, ein Wochenendspaß für die ganze Familie. Das ist es nicht, was Frau Faeser im Sinn hat, im Gegenteil: Sie will die Schmach von 1936 durch eine Wohlfühlerfahrung von 2036 ersetzen – »die Geschichte begleitend aufarbeiten«. Wer soll wen wobei »begleiten«? Und wohin soll die Reise gehen? Vom Olympiastadion nach Buchenwald oder in eines der vielen Außenlager des KZ Sachsenhausen in Berlin?

Ich möchte das an einem überschaubaren Beispiel erläutern. Stellen Sie sich bitte vor, eine Event-Agentur lässt die *Titanic* nachbauen – es gab solche Pläne! – und von Southampton nach New York aufbrechen. Die Reise soll sieben Tage und sieben Nächte dauern, so lange wäre die Original-*Titanic* auch unterwegs gewesen. An der Stelle, an der sie mit einem Eisberg zusammenstieß, findet eine Trauerfeier statt. Der Kapitän liest die »Todesfuge« von Paul Celan in der rumänischen Originalfassung vor, und nur wenige Passagiere merken, dass sich das Gedicht nicht auf den Untergang der *Titanic*, sondern auf die »Endlösung« bezieht. Danach spielt das Bordorchester eine gekürzte Fassung des Requiems in d-Moll von Mozart, anschließend geht die Reise weiter. Am Abend wird im Bordkino der *Untergang der Titanic* in der Filmfassung von 1953 gezeigt.

Würde eine solche Reise tatsächlich angeboten, wäre sie innerhalb weniger Stunden ausgebucht. Dem Reiz, eine virtuelle Katastrophe zu überleben, könnten nur Menschen widerstehen, die den Eyjafjallajökull in Halbschuhen und kurzen Hosen bezwungen haben.

Es gibt solche »Angebote« tatsächlich, wenn auch nicht in der Schifffahrt. Die Konjunktur der Antifa kommt vor allem daher, dass es keinen institutionellen, nicht einmal einen »strukturellen« Faschismus gibt. Gäbe es einen, wäre die Antifa schnell verschwunden. Sich heute als »Antifaschist« zu outen, erfordert so viel Mut, wie man in einem FKK-Camp bräuchte, um die Hosen herunterzulassen. Noch immer gilt das Wort von Johannes Gross aus den Siebzigerjahren des vergangenen Jahrhunderts: »Je länger das Dritte Reich tot ist, umso stärker wird der Widerstand gegen Hitler und die Seinen.«

Ich denke, so etwa denkt es in Nancy Faeser. Sie will das Dritte Reich weder verharmlosen noch relativieren.

Sie will es nur, so sagt man es heute, neu »kontextualisieren«, eine fiktive Ersatzrealität erzeugen. 2036 soll gezeigt werden, wie es 1936 hätte sein können. Ohne Hitler und Leni Riefenstahl. Ohne den Ausschluss jüdischer Sportler. Mit Regenbogen- statt Hakenkreuzfahnen. Mit Ansprachen von Margot Käßmann, Katrin Göring-Eckardt und Richard David Precht. Mit einem großen Kulturprogramm, kuratiert von Jan Böhmermann und Dunja Hayali. Mit einem ökumenischen Gottesdienst zum Auftakt und einem klimaneutralen Feuerwerk zum Abschluss der Spiele. Olympia 1936 würde im Abgrund der Vergangenheit verschwinden. Für mindestens 1000 Jahre, wenn nicht gleich für immer und ewig. Man muss sich schon was Besonderes einfallen lassen, wenn man »die Geschichte begleitend aufarbeiten« will.

Frau Faeser, man muss es zugeben, agiert taktisch klug und strategisch geschickt. Es heißt, sie wolle die nächste Regierungschefin in Hessen werden. Sie selbst hält sich bedeckt und hat dieses »Gerücht« weder bestätigt noch dementiert. Je nachdem, wie die Wahlen in Hessen ausgehen, wird sie also in Berlin bleiben oder nach Wiesbaden umziehen.

Das eine wäre ein Debakel, das andere ein Menetekel. Ungefähr so verstörend wie die Wahl zwischen Eiern in grüner Soße und »Toter Oma«, einer Berliner Spezialität aus Blutwurstbrei mit Kartoffeln und Sauerkraut.

Wieso eigentlich arbeiten?

Unter denen, die schon länger hier leben, gibt es nicht wenige, die bereits ziemlich lange hier leben. Ihr Vorteil: Sie können sich sogar noch an Sachen erinnern, die schon ganz lange zurückliegen. Zum Beispiel die Prognosen von vorvorgestern, die sich als grotesk falsch erwiesen haben. Eine besonders populäre Vorhersage lautete: Uns geht die Arbeit aus! Automatisierung, Roboter und Produktivitätssprünge aller Art würden, so hieß es, die menschliche Arbeitskraft marginalisieren.

André Gorz, ein kluger französischer Denker, formulierte schon im Jahr 1980 seine Konsequenz daraus. In seinem Buch *Abschied vom Proletariat. Jenseits des Sozialismus* wagte er die These, die allgemeine Verkürzung und Umverteilung der Lohnarbeit sei der Schlüssel zu einer emanzipatorischen Umgestaltung der Gesellschaft. Aus ferner Vergangenheit leuchtete noch Karl Marx' Utopie vom »Reich der Freiheit«, nur ohne Proletariat, kommunistische Partei und allgegenwärtige Staatssicherheit. Tatsächlich ist in den wohlhabenden Ländern des Westens ein kleines, kapitalistisches Reich der Freizeit entstanden – mit 35-Stunden-Woche bei vollem Lohnausgleich, vier Wochen Urlaub, bezahlter Fortbildung, Homeoffice und digitalisierter Krankschreibung. Dennoch blieb das Reich der Notwendigkeit bestehen, zu dem neben den ewigen Unzuträglichkeiten der menschlichen Existenz auch jahrelange Arbeitslosigkeit gehört, die meist alles andere als emanzipatorische Effekte hervorbringt.

Doch während immer noch Hunderttausende aus den verschiedensten Gründen keine Chance auf dem Arbeitsmarkt oder sich im Sozialsystem dauerhaft eingerichtet haben, droht plötzlich ein ganz anderes Szenario: Millionen Fachkräfte fehlen, Ingenieure, IT-Spezialisten, Hebammen, Handwerker, Pflegekräfte, Bäcker, Metzger, aber auch Menschen, die Bier zapfen und ein Wiener Schnitzel an den Tisch bringen können. Viele fragen sich: Will denn niemand mehr arbeiten? Was ist aus der legendären schwäbischen Mentalität »Schaffe, schaffe, Häusle baue!« geworden? Wird jetzt nur noch gechillt?

Ökonomen, Soziologen und Politologen streiten, wer an der Misere schuld ist. Die notorischen »Babyboomer«, die jetzt massenhaft in Rente gehen, können es jedenfalls nicht alleine sein, denn das Ereignis war einigermaßen vorhersehbar.

Das Buch einer Autorin der »Millennial«-Generation, Sara Weber, Jahrgang 1987, könnte immerhin einen sachdienlichen Hinweis zur neuen Arbeitsmoral in Germanistan liefern. Der Titel *Die Welt geht unter, und ich muss trotzdem arbeiten?* zeigt die Richtung an. Angesichts der globalen Klimakrise und anderer Katastrophen stellt sich auch der womöglich vorletzten Generation die sogenannte Sinnfrage: Warum malochen, wenn doch alles den Bach runtergeht? Reicht nicht auch ein kreativer Mix aus Bürgergeld, Schwarzarbeit und dem monatlichen Abfluss von Omas Sparkonto?

Die junge *ZEIT*-Autorin Anna Mayr, 30, kommt mit einer postmarxistischen Erklärung um die Ecke. In der Verlagswerbung für ihr Buch *Die Elenden* heißt es: »Früher schämte sie sich, dass ihre Eltern keine Jobs haben. Heute weiß sie, dass unsere Gesellschaft Menschen wie sie braucht: als drohendes Bild des Elends, damit alle anderen wissen, dass sie das Richtige tun, nämlich arbeiten.«

Arbeit als Strafexerzitium der kapitalistischen Gesellschaft. Selbst die Vier-Tage-Woche ist da noch Teil des Terrorsystems, und Rainer Werner Fassbinders Fernsehserie *Acht Stunden sind kein Tag* wirkt da geradezu prähistorisch: Wenn von den 168 Stunden einer Woche 35 für Arbeit draufgehen, ist das eine unzumutbare Einschränkung der Freizeit. Wie soll sich in dieser knappen Zeitspanne die Kreativität eines allseits entwickelten Individuums entfalten?

Eine Studie des Online-Netzwerks »Xing« über die noch jüngere »Generation Z« offenbart, dass ausgiebige Sabbaticals, Homeoffice und »Workation-Options«, eine Mischung aus Arbeit und Urlaub, zum Mindeststandard der heute 25-Jährigen gehören, bevor sie sich überhaupt aus dem Bett quälen. Auch eine Drei-Tage-Woche mit vollem Lohnausgleich wäre da nur ein erster Schritt in die richtige Richtung. Ziel muss das bedingungslose Grundeinkommen sein, das ein gutes Leben ganz ohne Arbeit ermöglicht.

Die Idee der Arbeit als notwendiges Mittel, um seinen Lebensunterhalt zu verdienen, als ein Weg zum gesellschaftlichen Aufstieg, zu Karriere und Selbstverwirklichung, womöglich zu Geld, Ruhm und Ehre, scheint ein absurdes, historisch obsoletes Auslaufmodell geworden zu sein. Irritierend für Angehörige der Babyboomer-Generation ist allerdings, dass viele unter ihnen vor 40 Jahren ähnlich dachten. Überall Kriege, Elend, Hunger und Ausbeutung, dazu noch Waldsterben, Gülleverklappung und Ozonloch: Wie sollte das weitergehen? Nur die Punker nahmen es locker, steckten sich Sicherheitsnadeln in die Backen, tranken Dosenbier und riefen fröhlich »No future!«.

Der kleine Unterschied: Es gab sie ja doch, die leuchtende, besser: irrlichternde utopische Idee von einer großen, alles umfassenden Revolution, nach der sich das Leben sowieso ganz anders und ganz neu entwickeln würde. Als sich dann recht zügig herausstellte, dass daraus nichts werden würde, starteten die meisten, wenn auch leicht verspätet, ins Berufsleben und wurden schließlich zu Protagonisten jener protestantischen Arbeitsethik (Max Weber), die schon die Generation der Eltern und Großeltern geprägt und zum stolzen Erwerb des ersten »Ford Taunus« geführt hatte, mit dem es im Sommer über den Brenner an den Gardasee ging. Dazu gehörte ein in den Tiefen des germanischen Kulturraumes verankertes Pflichtgefühl, eine »intrinsische Motivation«, die nicht zuerst nach der Dauer des ersten Sabbaticals, flexiblen Teilzeitangeboten im Co-Working-Space und veganem Mittagessen in der Betriebskantine fragte.

Die hedonistischen Arbeitsskeptiker von heute suchen jedoch die exakt kalibrierte, fein abgestimmte Work-Life-Balance mit

»schrägen Team-Building-Events an Stränden« oder in »Erlebnis-wäldern«, wie die *FAZ*-Redakteurin Elisa Schüler schwärmt. »Wir hegen nur das Bedürfnis, Freiheiten zu haben, Verantwortung zu tragen, Vertrauen zu genießen und nach Feierabend noch zu mehr in der Lage zu sein, als erschöpft auf dem Sofa zusammenzusacken.«

Nun gut, für das ein oder andere Bier vor der Glotze bei *Hart aber fair* – »Wir stehen vor dem Abgrund. Was ist der nächste Schritt?« – sollte es noch reichen, bevor es ins Boxspringbett geht, natürlich mit der ergonomischen Dreifachfederung »Swing 3.0« und »fünf verschiedenen Topper-Kernen«, die miteinander voll kombinierbar sind: Kaltschaum, Softschaum, Viscoschaum, Gel oder Latex.

An dieser Stelle machen sich die Babyboomer mit abgeschlossenem Rentenbescheid dann doch Sorgen um die Zukunft. Während sie mit Ende 60 noch Hunderte Kilometer an Main, Donau und Mosel entlangradeln, abends die örtlichen Weinkeller plündern und am frühen Morgen schon wieder voll Tatendrang die Radlerhosen überstreifen, ächzt die junge Generation schon nach einem Achtstundentag im digitalen Start-up-Büro mit closed-shop-Sushi-Lunch. Was ist denn nun mit Resilienz, Nachhaltigkeit und jenem Durchhaltevermögen, das man gerade angesichts der globalen Herausforderungen braucht, um den Untergang der Welt doch noch abzuwenden?

Vielleicht steckt in dem provokativen Buchtitel mit seiner abgezirkelten Werbewirkung ja doch die ganze Wahrheit im buntdiversen Deutschland: Wieso trotzdem arbeiten? Die zarte Note narzisstischer Wohlfühldekadenz ist unüberhörbar, und der Wahnsinn der Welt da draußen ist nur ein fernes Echo aus den Erlebnis-wäldern des inneren Empfindens.

Digitale Analphabeten im Taumel der Sinne

Ich weiß nicht, wie es Ihnen geht, mein Blutdruck gerät außer Kontrolle, wenn ich nur das Wort »Erinnerungskultur« höre. Ich finde, Kultur ist etwas Feines, das man pflegen und erhalten muss – die Esskultur, die Wohnkultur, die Lesekultur und auch andere Kulturen, die eine lange Geschichte, aber keine Zukunft haben, wie die Kultur des Briefeschreibens und des Aufstehens, wenn eine Dame den Raum betritt. Ich habe auch nichts gegen Erinnerung und Erinnerungen – an den Untergang der *Titanic*, die Schlacht von Verdun, die Befreiung von Auschwitz durch die Rote Armee, den ersten bemannten Flug zum Mond, das Massaker von Tiananmen, den Mauerbau und den Mauerfall, die Einführung des Euro, den Abzug der alliierten Truppen aus Afghanistan, den russischen Überfall auf die Ukraine, nur um die wichtigsten Wegmarkierungen des 20. und 21. Jahrhunderts zu nennen.

Wenn ich aber »Erinnerungskultur« oder »Kultur der Erinnerung« höre, raste ich aus. Ich stelle mir dann einen großen und lange ungelüfteten Saal vor, in dem Hunderte von Männern sitzen, die alle gleich aussehen, also ungefähr so wie Hannes Jaenicke, und alle das Gleiche tragen: graue Hemden mit schwarzen Ärmelschonern vom Ellbogen bis zum Handgelenk und darüber Strickwesten, deren Farbe zwischen Dunkelweiß und Hellschwarz changiert. Vor ihnen liegen Stapel von Papieren, in denen sie andächtig blättern. Ab und zu steht einer der Männer auf und ruft in den Saal: »Ich hab da noch was! Wie wäre es mit dem Tag der Schlagsahne oder dem Tag der Bierdose?« – »Gibt es doch schon!«, rufen einige Männer zurück und wenden sich wieder ihrer Arbeit zu. Denn, wo es eine »Erinnerungskultur« gibt, muss es auch eine »Erinnerungsarbeit« geben, Vollzeit- oder Halbtagsstellen für hauptamtliche »Erinnerungshelfer«, die dafür sorgen, dass kein Gedenktag übersehen wird und dass neue dazukommen, zum Beispiel der Tag, an dem Robert Habeck zum Wirtschaftsminister ernannt wurde.

Ja, das sind Produkte meiner Fantasie, aber das, was jetzt kommt, das gibt es wirklich. Und es übertrifft alles, was ich mir ausdenken könnte.

Vor einigen Tagen lag eine »Pressemitteilung« in meinem digitalen Postfach, die mich über ein »Kooperationsprojekt des Deutschen Kulturrats und der Stiftung Digitale Spielekultur« in Kenntnis setzte. Das Projekt firmiert unter dem Titel »Let's remember! Erinnerungskultur mit Games vor Ort« und ist, wie erklärt, ein Joint Venture zwischen dem »Deutschen Kulturrat«, dem Spitzenverband der Bundeskulturverbände, und der »Stiftung Digitale Spielekultur«, von der ich nicht einmal wusste, dass es sie gibt. Zweck der Kooperation sei es, »Formate« zu erproben, »die der Etablierung einer durch digitale Spiele getragenen Erinnerungskultur in Gedenkstätten, Museen und kulturellen Begegnungsorten zum NS-Unrecht dienen sollen«.

Es kam mir vor, als würde ich eine auf Mandarin verfasste Gebrauchsanweisung für den neuesten Thermomix von Vorwerk lesen. Ich ahnte, worum es ging, irgendwas mit Nazis, aber der eigentliche Sinn der Sache wollte sich mir nicht offenbaren. Bis es mir dann doch klar wurde, mehr oder weniger: Mit dem Angebot digitaler Spiele sollten junge Menschen in Gedenkstätten, Museen und kulturelle Begegnungsorte gelockt werden, um sich spielerisch mit dem NS-Unrecht zu beschäftigen. Dahinter stand vermutlich die Überlegung, dass junge Menschen keine Bücher lesen und nur noch digital durch das Leben surfen. Wenn das tatsächlich der Fall war, wenn der Deutsche Kulturrat und die Stiftung Digitale Spielekultur »User« aus bildungsfernen Schichten ansprechen wollten, dann doch nicht in einem Jargon, den nur die Mitarbeiter des Deutschen Akademischen Austauschdienstes (DAAD) beherrschen, die über die Förderung von Doktorarbeiten entscheiden. Dazu müsste man wissen, wie die digitalen Analphabeten ticken, und sie entsprechend anmachen.

Etwa so: »Wie geil war das Dritte Reich?« oder: »Opa war bei der Waffen-SS, und wir wollen die Welt retten!« oder auch so: »Gab es in den Lagern veganes Essen?« Nützlich wäre auch ein interaktives Video: »Ein Tag in Auschwitz« für Kinder und Jugendliche aus prekären Familien mit Migrationshintergrund.

Stattdessen schwadronieren die Projektentwickler über »Games«, die sich »sensibel mit der Zeit des Nationalsozialismus auseinandersetzen« und »insbesondere jüngeren Zielgruppen neue Zugänge zur Erinnerungskultur in Deutschland bieten können«. Wobei es nicht nur darauf ankommt, was vermittelt wird, sondern wie: »Das Projekt ist getragen vom praxisorientierten Miteinander von Multiplikator*innen der Gedenk- und der Spielekultur«; es gehe um »die spielerische Vermittlung von Wissen über historische Ereignisse« und »die Übernahme von erinnerungskultureller Verantwortung«.

Was, zum Teufel, soll das sein? Welche erinnerungskulturelle Verantwortung trägt eine 16-Jährige, die Influencerin und so berühmt wie Heidi Klum werden möchte? Wie »sensibel« und »spielerisch« muss sie agieren, um am praxisorientierten Miteinander von Mulitplikator*innen der Gedenk- und der Spielekultur teilnehmen zu dürfen?

So jagt eine Phrase die andere und bestätigt dabei die alte Einsicht, dass die Basis die Grundlage des Fundaments ist. Und dass solche Projekte zum »spielerischen« und »sensiblen« Umgang mit dem NS-Unrecht nur deswegen stattfinden, weil sie generös subventioniert werden. Ohne die Förderung aus allen möglichen Töpfen würden sie über einen bekritzelten Bierdeckel (»VW-Stiftung anrufen!«) nicht hinauskommen.

Aber worüber rege ich mich auf? Eine Gesellschaft, die es hinnimmt, dass ein Schuldenberg »Sondervermögen« genannt und die Zerstörung intakter Kraftwerke als »Rückbau« etikettiert wird, hat es nicht besser verdient.

Deswegen: Lasset uns noch spielerischer und sensibler miteinander umgehen und vor allem am praxisorientierten Miteinander von Multiplikator*innen festhalten. Für die Übernahme von erinnerungskultureller Verantwortung unter der Schirmherrschaft des Deutschen Kulturrats und der Stiftung Digitale Spielekultur. Damit nie wieder ein analoger Hanswurst an die Macht kommt.

Frau Paus rät:
Glauben, denken, träumen

Im Leben eines jeden Politikers und jeder Politikerin kommt irgendwann der Moment, da er oder sie die Hosen runterlässt und etwas sagt, das ihn oder sie für das Amt total disqualifiziert. Sobald sich Dieter Nuhr und die *heute show* im ZDF der Sache angenommen haben, ist sie freilich vom Tisch. Seltsam dabei ist nur, dass solche Momente bei den Grünen öfter passieren als bei anderen Parteien der demokratischen Mitte. Unvergesslich die Behauptung der grünen Frontfrau Annalena Baerbock, das Netz sei ein Energiespeicher, vorgetragen in einem Interview mit dem Deutschlandfunk: »An Tagen wie diesen, wo es grau ist, da haben wir natürlich viel weniger erneuerbare Energien. Deswegen haben wir Speicher. Deswegen fungiert das Netz als Speicher. Und das ist alles ausgerechnet.« Nicht minder lustig: Die Erklärung des grünen Wirtschaftsministers, wann ein Betrieb pleite ist. Bäckereien und andere Handwerksbetriebe, so Habeck bei Maischberger, könnten zwar »aufhören zu produzieren«, wären deshalb aber »nicht insolvent«, sie könnten die Produktion ja später nachholen.

Ja, die Grünen sind immer für eine Überraschung gut. Mal kommt sie mit ruhig festem Schritt, mal auf Katzenpfoten daher, so leise, dass man sie kaum wahrnimmt. Lisa Paus, die grüne Bundesministerin für Familie, Senioren, Frauen und Jugend, sprach auf Einladung des Zentralrates der Juden ein kurzes Grußwort zur »Jewrovision 2023«, einem Talentwettbewerb für junge jüdische Tänzer, Musiker und Sänger, der seit 2002 – die Corona-Jahre 2020 und 2021 ausgenommen – jedes Jahr stattfindet, immer in einer anderen Stadt.

2023 war Frankfurt am Main an der Reihe und Frau Paus gut vorbereitet. Nachdem sie sich für die Einladung brav bedankt hatte, gab sie den Teilnehmern und Besuchern des Festivals den Rat, »weiter zu glauben, Großes zu denken und zu träumen, Träume und Ziele niemals aufzugeben, optimistisch zu bleiben, auch wenn es schwierig wird«. Dann unternahm Frau Paus einen Exkurs in die Geschichte. »Oder mit den Worten von Theodor Herzl, der bei der Staatsgründung Israels fast auf den Tag genau vor 75 Jahren sagte: ›Wenn ihr wollt, ist es kein Märchen‹.« Paus schloss ihr Statement mit den Worten: »Liebe Musiker:innen, liebe Video-Macher:innen, lebt diesen Willen, glaubt und träumt von einer friedlichen Welt. Und habt einen tollen Jewrovision. Eure und Ihre Lisa Paus.«

Die Bitte, an eine friedliche Welt zu glauben und von ihr zu träumen, war etwa so angemessen wie die an einen Schwerkranken gerichtete Ermahnung, an ein Leben nach dem Tode zu glauben. Davon abgesehen, hatte Lisa Paus oder eine(r) ihrer Redenschreiber:innen schludrig recherchiert. Theodor Herzl, der Wegbereiter des »Judenstaats«, lebte von 1860 bis 1904, war also am Tag der Staatsgründung Israels im Jahre 1948 seit 44 Jahren tot, weswegen er an der Gründungsfeier nicht teilnehmen konnte. Den Satz »Wenn ihr wollt, ist es kein Märchen«, schrieb er in einer Nachbetrachtung auf den ersten Zionisten-Kongress 1897 in Basel.

Gut, für die Abgabe eines Grußwortes beim Jewrovision-Contest gibt es keine Qualifikationsrunde wie bei der Fußball-WM. Wer mag, der darf. Und besonders von Lisa Paus sollte man nicht zu viel erwarten. In einem Interview mit dem Berliner *Tagesspiegel* über das geplante »Selbstbestimmungsgesetz« stellte die Ministerin für Familie und Frauen apodiktisch fest: »Eine Frau ist eine Person, die sich selbst als Frau identifiziert.«

Wer dermaßen lässig mit biologischen Tatsachen umgeht, der pflegt auch ein entspanntes Verhältnis zu Jahreszahlen. Und was für einen Unterschied machen schon 44 Jahre angesichts der vieltausendjährigen Geschichte der Juden?

Lisa Paus wurde für ihre Fehlleistung mit höflichem Beifall bedacht, dagegen kam es bei dem Grußwort, das ihre Parteifreundin, die Staatsministerin für Kultur und Medien, halten sollte, zu einem Eklat, kaum dass Claudia Roth das Wort ergriffen hatte. Sie wurde von der Bühne gebuht und gepfiffen, gnadenlos, als wäre der Leibhaftige in einem pinken XXXL-Pullover mit Rollkragen zu Jom Kippur, dem höchsten jüdischen Feiertag, auf einer Schwefelwolke in einer Synagoge gelandet. Worauf Frau Roth mit hysterischer Heiterkeit reagierte. Das dazugehörige Video gibt es im Netz zu sehen, und ich kann es jedem empfehlen, der glaubt, alle Abgründe menschlichen Elends bereits durchlebt zu haben.

Anfangs tat Frau Roth so, als gelte das Geschrei der Menge nicht ihr, sondern irgendeinem Dybbuk, der sich in die Halle eingeschlichen hatte. »Liebe Fans von cooler Musik, von Tanz, von Performance«, rief sie ins Mikrofon und strahlte dabei wie eine Weinkönigin aus Traben-Trarbach, die einen Müller-Thurgau zu viel getrunken hatte. »Liebe ihr alle, liebe Teilnehmerinnen und Teilnehmer an diesem wunderbaren 20. Eurofest.« Es dauerte eine Weile, bis sie erfasste, was da gerade passierte und das Lachen in ihrem Gesicht sich in ein Fragezeichen verwandelte. Fünf extralange Minuten kämpfte sie gegen den Sturm an, bis sie kapitulierte. »Das ist Demokratie«, rief sie in die tobende Menge, »und ich nehme diese Kritik an, weil wir eine starke, eine bunte und eine mutige Demokratie sind!« Roth beschloss ihren Auftritt mit den Worten; »Ich danke euch ganz herzlich, dass ich heute hier bei euch sein durfte.«

Es war erbärmlich, es tat weh hinzusehen, wie sie sich für die Tracht Prügel bedankte, die sie eben bezogen hatte. Es war würdelos. Aber es war verdient, die Strafe für ihr Lavieren bei der documenta 15 und für ihre Anbiederei bei der antiisraelischen Boykott-Bewegung BDS. Und zugleich die Selbstdemontage einer überschätzten und sich überschätzenden Politikerin, die auf der steilen Treppe nach oben alle Hemmungen verloren hat. So denn sie je welche hatte.

Warum erzähle ich Ihnen diese Geschichte? Weil sie mit dem Absturz von Frau Roth und dem Ausrutscher von Frau Paus noch nicht zu Ende ist. Der eigentliche Player und Mover in diesem »Narrativ«

ist der Zentralrat der Juden, vertreten durch seinen Präsidenten, Dr. Josef Schuster. »Die Jewrovision ist ein überregionaler Gesangs- und Tanzwettbewerb der jüdischen Jugendzentren Deutschlands und wird durch den Zentralrat der Juden in Deutschland organisiert und ausgerichtet.«

So steht es auf der Jewrovision-Homepage, die ebenfalls vom Zentralrat verantwortet wird. Dort findet man auch die Grußworte, die am 19. Mai in der Frankfurter Festhalle gesprochen wurden bzw. gesprochen werden sollten. Das Grußwort von Lisa Paus, der Bundesministerin für Familie, Senioren, Frauen und Jugend, liest sich freilich ganz anders als das, welches sie vorgetragen hat. Sie freue sich, »dass der Wettbewerb dieses Jahr in Berlin stattfinden kann – in einer Stadt mit vielfältigem jüdischem Leben und mit der größten jüdischen Gemeinde Deutschlands«.

Wie bitte? In Berlin? Hat der Wettbewerb dieses Jahr nicht in Frankfurt stattgefunden? Doch, hat er. Nur das Grußwort von Frau Paus stammt aus dem vergangenen Jahr, 2022, als tatsächlich in Berlin gefeiert wurde.

Absicht, Versehen oder Zufall? Jedenfalls ein smarter Versuch, die Verschriftlichung des aktuellen Unsinns von Frau Paus zu vermeiden.

Und das Grußwort von Frau Roth, die von der Bühne gemobbt wurde? Das gibt es zum Nachlesen. Für alle, die in Frankfurt am Main nicht dabei sein konnten, will ich es hier in voller Länge und Breite wiedergeben:

»Die Jewrovision Show ist ein großartiges Symbol für die Strahlkraft jüdischen Glaubens, jüdischen Lebens und jüdischer Kultur in Deutschland. Und dieses jüdische Leben ist so vielfältig – auch in der Kultur. Im Tanz, im Theater und im Film, in der klassischen, traditionellen und elektronischen Musik, in der bildenden Kunst und in der Literatur prägen und bereichern jüdische Künstler:innen und Autor:innen die Kulturszene in Deutschland. Die Jewrovision Show ermöglicht es vielen jungen Menschen, zusammenkommen (!) und das jüdische Leben und den jüdischen Glauben zu feiern. Dafür danke ich dem Zentralrat der Juden sehr herzlich.«

Atemberaubend. Roth reanimiert alle antisemitischen Klischees und verkehrt sie in ihr Gegenteil. Die Strahlkraft des jüdischen Glaubens; jüdische Künstler:innen und Autor:innen, korrekt gegendert, die das deutsche Kulturleben bereichern, im Film und Theater, in Literatur und Musik, sogar der elektronischen; alles, was Antisemiten den Juden zum Vorwurf machten, rechnet Roth ihnen hoch an. Gestern noch Gift für die deutsche Seele und den deutschen Volkskörper, heute ein unbegrenzt schöpferisches Kollektiv, das Deutschland bereichert.

Woher weiß Frau Roth das? Wie viele der – je nach Schätzung – 100 000 bis 200 000 Juden, die in Deutschland leben, hat sie kennengelernt, außer ihrem Lieblingsjuden und Pianisten Igor Levit? Und waren auch »normale« Juden darunter, Arbeiter:innen, Handwerker:innen, Kellner:innen, Köch:innen, Rentner:innen? Warum müssen es immer Kopfjuden aus der Abteilung Einstein, Freud und Else Lasker-Schüler sein? Die Idealisierung der Juden ist die Kehrseite ihrer Dämonisierung, Ausdruck eines nachhaltig schlechten Gewissens und ein vergebliches Bemühen, es loszuwerden.

Man muss den jungen Juden (und Jüdinnen!) dankbar sein, dass sie Claudia Roth entzaubert haben. Jetzt müssten nur noch die Teilnahmebedingungen für die Jewrovision so geändert werden, dass die Staatsministerin für Kultur beim nächsten Contest im Hauptprogramm auftreten kann.

Von Schornsteinfegenden und Fußgänger*innen

Eigentlich ist über das Gendern schon alles gesagt. Aber es gibt da noch ein Phänomen, das in Germanistan besonders viele Blüten treibt: den Opportunismus der Mitmachenden, die vor lauter Anwohnenden, Islamist*innen und Waldbesitzenden die Stoppschilder von Grammatik, Syntax und Semantik nicht mehr sehen, gegen die sie ständig laufen. Ein neues, furchterregendes Spießertum hat sich ausgerechnet dort entwickelt, wo der kritische Geist zu Hause sein sollte: im akademischen Milieu, bei den grünen Freunden des Fortschritts und in den Medien. So unterschiedlich und daher auch völlig inkonsequent und widersprüchlich das Gendern gehandhabt wird, so gibt es doch als männlich gelesene Zeitgenossen, die den »Glottischlag«, die winzige Sprechpause zwischen Mieter* und *innen*, schon so souverän aus dem Mund perlen lassen, dass man ständig dazwischenrufen will: Und *außen*?

Ein Radiomoderator des rbb, dessen Sender sich rühmt, sein Programm sei »nur für Erwachsene«, ist ein Paradebeispiel für das neue, angepasste Strebertum, das nur ein Ziel hat: wirklich gar nichts falsch zu machen, kein falsches Wort zu gebrauchen und keinen Gedanken zu äußern, der nicht zur einzig richtigen Haltung passt, die die Mehrheit der Meinungshabenden fordert. Es ist der Triumph des kleinen Geistes, der sich auf großer Fahrt wähnt, und erinnert nicht zufällig an Heinrich Manns Roman »Der Untertan«.

»Diederich Heßling war ein weiches Kind, das am liebsten träumte, sich vor allem fürchtete und viel an den Ohren litt« – so beginnt die Beschreibung der Titelfigur, die später gar nicht oft genug ein »Hurra!« auf den Kaiser, er lebe hoch, hoch, hoch, aus-bringen konnte. Ein halbes Jahrhundert später hätte Diederich Heß-ling jeden seiner Briefe an die Mama mit »Heil Hitler!« unter-zeichnet, und man möchte seine Hände nicht dafür ins Feuer legen, dass der Radiomoderator es nicht ebenso gehalten hätte, wäre er unter dem Führer groß geworden – und nicht unter Angela Merkel.

Ein Mitlaufender wäre er in jedem Fall gewesen.

Antisemitismus –
ein ganz neues Phänomen

Die Frage, ob Roger Waters ein Antisemit sein könnte, lässt sich nicht mit einem einfachen »Ja!« oder »Nein!« beantworten. Waters sympathisiert mit der Israel-Boykott-Bewegung BDS, er lässt bei seinen Konzerten ein pinkfarbenes Ballonschwein mit einem aufgemalten Davidstern über der Bühne schweben und verbreitet auch sonst allerlei Blödsinn, u. a. den, die »israelische Lobby« habe die Wahl des Labour-Vorsitzenden Jeremy Corbin zum britischen Premierminister verhindert. Auch in der Ukraine-Frage rekurriert er gerne auf alternative Fakten. Gegenüber der *Berliner Zeitung* stellte er sich hinter den russischen Präsidenten. Putin wollte »den potenziellen Völkermord an der russischsprachigen Bevölkerung im Donbass verhindern« und »den Faschismus in der Ukraine bekämpfen«.

Das alles hätte keine Sau hinterm Kachelofen hervorgelockt, wäre nicht bekannt geworden, Waters plane eine Deutschlandtournee mit Konzerten in Berlin, Frankfurt und München. Das wiederum, so stand es in der *WELT,* sorge »in der jüdischen Community für Beunruhigung«.

Dazu muss man erst einmal wissen: Was in der »jüdischen Community« für Beunruhigung sorgt und was nicht, entscheidet der Vorsitzende des Zentralrates der Juden in Deutschland, Joseph Schuster. Zum Fall Waters gab er Folgendes zu Protokoll: »Roger Waters will mit seinem Spiel mit Ressentiments aufhetzen und spalten – diesen Gefallen sollten wir ihm nicht tun. Wir brauchen daher eine klare Haltung gegen seinen Hass auf Israel, den er auch auf Juden überträgt.«

Okay, lassen wir die Unschuldsvermutung auch in diesem Fall gelten und gehen davon aus, Schuster habe einen schlechten Tag gehabt. Oder er hatte es eilig, weil er einen Termin beim Vorsitzenden der Deutschen Bischofskonferenz nicht verpassen wollte. Wäre sein Statement eine Suppe, würde man sich über den hohen Anteil an lauwarmem Wasser wundern und vergeblich nach einem Stück Fleisch suchen.

Sigmount Königsberg, der Antisemitismus-Beauftragte der Jüdischen Gemeinde zu Berlin – kein Witz, es gibt ihn wirklich –, wunderte sich darüber, »warum der Mercedes-Konzern, schon allein aufgrund seiner Historie, es zulässt, dass sein Name mit dieser Rufschädigung in Verbindung gebracht wird«. (Die Berliner Konzerte sollten in der Mercedes-Benz-Arena stattfinden.) Ich dagegen frage mich, warum einige Vorstandsmitglieder der Jüdischen Gemeinde zu Berlin dienstlich oder privat einen Benz fahren, ohne sich an der Historie des Konzerns zu stören.

Die Präsidentin der Jüdischen Studierendenunion Deutschlands, Hanna Veiler, nannte es einen »Skandal«, dass Waters »trotz ständiger antisemitischer Äußerungen und Aktionen in Deutschland eine dermaßen große Bühne geboten wird«. Die Senatsverwaltung sollte »die Konzerte beobachten und bei antisemitischen Zwischenfällen abbrechen«. Wozu unterhält die Berliner Polizei ein Spezialeinsatzkommando, wenn nicht für solche Fälle?

Ähnlich äußerte sich der Antisemitismus-Beauftragte der Bundesregierung, Felix Klein. Er rief die Berliner Senatsverwaltung auf, »alle juristischen Möglichkeiten zu prüfen, gegen die Verbreitung von Antisemitismus durch Roger Waters und BDS vorzugehen. Hierzu gehört, beim Verdacht von Straftaten einzuschreiten, auch bei Konzerten.« Klein, selbst ein Jurist, weiß genau, wie zögerlich die zuständigen Berliner Stellen reagieren, wenn auf Anti-Israel-Demos »Tod Israel« und »Tod den Juden« gerufen wird. Und als die ZDF-Moderatorin Dunja Hayali feinsinnig feststellte, »Tod den Juden« sei möglicherweise eine antisemitische Parole, »Tod Israel« aber nicht, denn man dürfe »einem Staat etwas wünschen«, da blieb der

Antisemitismus-Beauftragte der Bundesregierung stumm wie ein Mönch im Silentium nocturnum.

Der Antisemitismus-Beauftragte des Landes Berlin, Samuel Salzborn, diagnostizierte einen Mangel »an ernsthaftem Problembewusstsein für Antisemitismus im Kunst- und Kulturbetrieb« und klagte: »Von den Konzertbesucherinnen und Konzertbesuchern, die um die antisemitischen Positionen von Waters wissen, werden sie offenbar mindestens toleriert.« Falsch, Herr Doktor! Die Konzertbesucherinnen und Konzertbesucher wissen nicht einmal, was Antisemitismus ist.

Wenn von Kunst, Kultur und Antisemitismus geredet wird, muss auch die Beauftragte der Bundesregierung für Kultur und Medien, Claudia Roth, zu Wort kommen. Sie hat sich von ihrem Totalversagen im Fall der documenta 15 inzwischen erholt, nimmt sich selbst nichts übel und hat eine Vision. Als Kulturstaatsministerin könne und wolle sie »kein Konzert verbieten«, aber:

»Der Kampf gegen Antisemitismus ist eine gesamtgesellschaftliche Aufgabe. Deshalb würde ich mir wünschen, dass Veranstalter darauf verzichten, Konzerte mit Roger Waters durchzuführen, und wenn sie dennoch stattfinden sollten, dass er vor leeren Hallen spielt.«

Wow! Die Frau ist gut drauf! Roger Waters soll vor leeren Hallen spielen! Bestimmt gibt es irgendwo einen Topf, aus dem die Veranstalter entschädigt würden. Und die Waters-Fans, die schon ein Ticket haben, werden sich freuen, dass sie es für einen Event in der örtlichen Volkshochschule nutzen können und sogar die Wahl haben – zwischen einem Vortrag über »Hanna Arendt und die Banalität der Guten« und einem »Liederabend mit Texten aus dem Buch der Psalmen«.

Das alles ist nur noch peinlich. *Much ado about nothing*, würde Shakespeare sagen. Als ob Antisemitismus ein bis jetzt unentdeckter »Phänomenbereich« wäre, in den sich Nancy Faeser erst einarbeiten müsste. Es war offenbar einfacher, die Nürnberger Gesetze in Kraft zu setzen, als sich heute etwas Konkretes in Sachen Judenhass einfallen zu lassen. Die Antisemitismus-Beauftragten laufen wie blinde

Hühner durch den Phrasengarten und rufen einander zu: »Der Kampf gegen den Antisemitismus ist eine gesamtgesellschaftliche Aufgabe!« Nur: Wenn etwas alle angeht, dann ist es jedem wurscht.

Und dann gibt es noch die »Gemeinsame Bund-Länder-Kommission zur Bekämpfung von Antisemitismus und zum Schutz jüdischen Lebens«. Sie tagt einmal im Jahr und endet jedes Mal wie das Hornberger Schießen. Die Antisemitismus-Beauftragten der Länder beschließen, noch enger zusammenzuarbeiten und sich besser mit den vielen Stiftungen und Initiativen zu vernetzen, die ebenfalls den Antisemitismus bekämpfen. Wie das Potsdamer Institut für Neue Soziale Plastik, das 2015 von einer Gruppe »antisemitismuskritischer / jüdischer Künstler:innen gegründet« wurde, um »künstlerische Projekte aus jüdischer Perspektive zu jüdischer Geschichte, Erinnerungskultur und Antisemitismus« zu entwickeln und zu vermarkten, mit Performances im öffentlichen Raum, Installationen, Ausstellungen, Workshops und Fortbildungen zur Erinnerungskultur. Dazu gehört auch das Projekt »Gegen Antisemitismus im ländlichen Raum«, Basteln und Gärtnern gegen den Antisemitismus. »Mit kreativen Methoden wie Nähen, Fotografieren, der Arbeit mit Holz oder Gärtnern werden Jugendlichen Angebote gemacht, die jenseits ›klassischer‹ Formate der Wissensvermittlung agieren …« Außerdem werden »Blumen gepflanzt, die an Selbstbehauptung und Widerstand von Jüd*innen im Nationalsozialismus erinnern«, darunter »Schwertlilien, die … als widerständige Formen des Gedenkens gedeutet werden«.

So eine Anleitung zum Widerstand gibt es natürlich nicht für umme. Antisemitismusprävention kostet Geld. Deswegen fördert der Antisemitismusbeauftragte des Bundes das Projekt »Gegen Antisemitismus im ländlichen Raum« mit 72 000 Euro. Im ländlichen Raum bekäme man für das Geld schon einen gebrauchten Mercedes-Benz der G-Klasse, vollgetankt, mit Anhängerkupplung, einem Satz Reservereifen und zwei Antifa-Stickern an den Stoßstangen.

KAPITEL 3

Die deutsche Apokalypseverliebtheit oder Untergang ist immer

Müll zu verschenken!

Neulich lag vor unserem Hauseingang im achtsamen, linksgrün-gutbürgerlichen Prenzlauer Berg ein hingestreuter Haufen aus etwa 80 Büchern – von alten Shakespeare-Ausgaben über Nietzsche bis zu zerfledderten Kinderbüchern. Der anonyme Literaturfreund hatte sich nicht einmal die Mühe gegeben, die Werke auch nur halbwegs ordentlich zu stapeln. Nein, geradezu verächtlich hat er sie auf den Boden geworfen. Nur der übliche Zettel mit der Botschaft »Zum Mitnehmen! Viel Spaß damit!« fehlte, die Botschaft des gelebten Kommunitarismus. Doch dahinter steckt noch mehr.

Seit einiger Zeit macht sich nicht nur in diesem Biotop der Besserlebenden ein Trend bemerkbar, der auch in der großen Politik Mode geworden ist: mithilfe einer semantischen Umcodierung die Illusion zu erzeugen, hier würden gratis jede Menge Geschenke verteilt, Stichwort Sondervermögen. In Wirklichkeit steht eine alte, fleckige Matratze an der Tür, ein prähistorischer Commodore-Computer, eine Pappkiste mit alten Zeitschriften, die die leeren Coffee-to-go-Becher der Generation Y geradezu magisch anzieht, verstreute Klamotten auf dem Bürgersteig, lackierte Regalbretter, entspannt an den Baum gelehnt, Kinderspielzeug, Krimskrams aller Art, leere Prosecco-Flaschen, Teile einer alten Schrankwand aus der Serie Gelsenkirchener Barock Modell Tante Mathilde, Baujahr 1922.

Was in sogenannten Brennpunkt-Kiezen seit Jahren Alltag ist – die systematische Vermüllung des öffentlichen Raums –, wird in den Wohnbezirken, in denen das letzte Zucken des Bildungsbürgertums seine Schleifspuren aus »Gorilla«-Tüten und BioZisch-Flaschen hinterlässt, einem zeitgemäßen Verwandlungsprozess unterworfen. Hier geht es nicht um schnöden Abfall, sondern um die Litter-Life-Balance, Nachhaltigkeit und Nächstenliebe, um bewusstes Recycling als kollektive Aufgabe der postmaterialistischen Gesellschaft, die sich der Klimakrise und dem blinden Wachstumsglauben mit aller Kraft entgegenstemmt.

Die kapitalistische Verwertungslogik, aus allem Geld zu machen, wird hier durch eine Kultur des Weniger statt Mehr ersetzt. Nach »Latte to go« und »Wegbier« ist nun »Wandschrank to go« angesagt. Da man nun im Reich einer bunten »Positivkultur der Emotionen« lebt, wie der Soziologe Andreas Reckwitz formuliert, wird die abgeschabte braune Polstergarnitur auf dem Trottoir zum kulturadäquaten und milieugerechten Must-have. Das Gefühl, damit etwas Gutes für die Gemeinschaft getan zu haben, stellt sich unmittelbar ein.

Der deutsche Atomausstieg – eine romantische Affäre

Es ist ja so: Man lebt das Leben vorwärts und versteht es rückwärts. Doch das ist nicht bei allen so.

Grinsend, ja feixend jubelte Jürgen Trittin, einst Mitglied des Kommunistischen Bundes (KB) und Bundesumweltminister, in der Nacht zum 16. April 2023 gemeinsam mit »Greenpeace« über die kleine deutsche Ersatzrevolution vorm Brandenburger Tor – den vermeintlich endgültigen Ausstieg Deutschlands aus der Atomenergie. Auch wenn er nur eine Schimäre, eine billige Illusion war, denn umgehend musste mehr Atomstrom aus Frankreich importiert werden: Nach 50 Jahren Kampf gegen die Atomkraft konnte die alt und grau gewordene Anti-AKW-Gemeinde mit dem Vintage-Label der Generation Revolte »Mission accomplished!« melden.

Doch es könnte, wie bei der Triumphgeste von George W. Bush auf dem Flugzeugträger *USS Abraham Lincoln* am 1. Mai 2003, dem vermeintlichen Ende des Irak-Kriegs, eine voreilige Siegesmeldung gewesen sein. Denn schon am wind- und sonnenarmen Tag nach dem historischen Abschaltdatum waren die knapp 30 000 Windräder in Deutschland wieder mal massiv unterausgelastet, und die Solarkraft kam am Sonntagmorgen, 16. April 2023, auf gerade einmal 4,2 Prozent der möglichen Leistung.

In Fachkreisen nennt man das »Dunkelflaute«, die daran erinnert, dass die sogenannten regenerativen Energien existenziell abhängig von Wind und Wetter sind, also nicht »grundlastfähig«, sondern extrem volatil und unzuverlässig, kurz: Sie liefern eben nicht, anders als Kohle, Gas und Atomenergie, in genau der Millisekunde den Strom, der gerade gebraucht wird, auch bei Spitzenlast. Dass auch deshalb wieder mehr grundsolider, aber CO_2-belasteter Kohlestrom aus Polen importiert werden musste, ging in den glückstrunkenen Feierlichkeiten von Trittin & Friends erst recht unter. Über die Tatsache, dass der Strompreis in Deutschland Weltspitze ist und Industriebetriebe außer Landes treibt, will man schon gar nicht reden. Am allerwenigsten darüber, dass europäische Nachbarländer wie Finnland, Polen, Frankreich, Holland, England und Schweden, dazu Amerika, Japan und Kanada, an der Atomenergie festhalten und sogar neue Kraftwerke planen – also alle »G7«-Staaten außer Deutschland.

Doch um nüchterne Fakten, zu denen auch die offene Debatte über Chancen und Risiken neuer Generationen von Atomkraftwerken gehörte, geht es hierzulande schon lange nicht mehr. Alles fing damit an, dass Kaiserstühler Winzer im südbadischen Wyhl mit allem, was sie hatten, und aus verständlichen Gründen gegen ein dort geplantes Atomkraftwerk protestierten. Bis dahin galt die Kernenergie als Markenzeichen des unaufhaltsamen wirtschaftlichen und gesellschaftlichen Fortschritts – vor allem unter den sozialdemokratischen Kanzlern Willy Brandt und Helmut Schmidt. Mit »Wyhl«, das zum Ursprungsmythos der Anti-Atomkraft-Bewegung werden sollte, begannen das große Zweifeln, die Kritik und schließlich der Widerstand, dem sich zuletzt auch die Sozialdemokraten anschlossen – wie in Grundsatzfragen üblich mit jahrzehntelanger Verspätung.

Nun wurden die tatsächlichen oder nur vermeintlichen Risiken und Gefahren der »friedlichen Nutzung der Kernenergie« in den Vordergrund gestellt, und auch wenn Alpha-, Beta- und Gammastrahlung radioaktiver Isotope auf der ganzen Welt die gleiche Wirkung haben, so schienen sie in Deutschland eine ganz besondere, geradezu unheimliche, ja apokalyptische Bedrohung des Lebens zu verkörpern. Gerade weil man radioaktive Strahlung weder sehen noch schmecken, weder ertasten noch hören kann, entfaltete die Vorstellung, man könnte »verstrahlt« werden, Befürchtungen und

Urängste, die auch tiefere Schichten des Unterbewusstseins berührten.

Wenige Jahre später wurden sie im Zuge der sogenannten NATO-Nachrüstung mit atomar bestückten Mittelstreckenraketen abermals mobilisiert. Das »Gedränge unterm Fallbeil« (Friedrich Sieburg), die alte deutsche Untergangsseligkeit, nahm hysterische Züge an – ähnlich wie 1986 bei der Nuklearkatastrophe von Tschernobyl und 1991 beim Krieg gegen Saddam Husseins Irak, der Kuwait überfallen hatte. In Deutschland, rund 4000 Kilometer vom Kriegsgeschehen entfernt, wurden weiße Bettlaken aus den Fenstern gehängt.

Ich jedenfalls war ab Mitte der Siebzigerjahre dabei, als plötzlich Weinbauern und Soziologiestudenten, linke Lehrer und rechte Naturfreunde zu Experten für Uranbrennstäbe und Plutonium wurden, die die Halbwertszeit von Cäsium 137 auswendig wussten und vor der unheiligen Dreifaltigkeit von meldepflichtigem Störfall, GAU und Super-GAU warnten: Propheten des »größten anzunehmenden Unfalls« mit dem Ausfall aller redundanten Kühlsysteme und einer anschließenden Kernschmelze, die alles Leben auslöschen würde.

Holger Strohms *Friedlich in die Katastrophe* und Robert Jungks *Der Atomstaat* waren nicht zufällig die Bestseller der Epoche, das Alte und das Neue Testament der neuen Bewegung, die alsbald ihr Motto fand: »Wer sich nicht wehrt, der lebt verkehrt!« Den Veteranen klingt noch heute der endlose Refrain des Liedes im Ohr, mit dem man sich zwischen 1976 und 1981 Mut machte, wenn es zur Großdemonstration an den stark bewachten Bauzaun des Atomkraftwerks Brokdorf ging: »Wehrt euch, leistet Widerstand gegen die Atomkraft hier im Land! Schließt euch fest zusammen, schließt euch fest zusammen …«

Tausende Polizisten marschierten auf. Es war nass und eiskalt zwischen den wasserführenden Sielen, in die der eine oder die andere auf der Flucht vor den Polizeihundertschaften stürzte, während über der unwirtlichen grauen Szenerie BGS-Hubschrauber mit lautem Rotorengeräusch kreisten – ein Hauch von Francis Ford Coppolas *Apocalypse now*.

Kalkar, Grohnde, Gorleben, Wackersdorf – es gab etliche Hotspots der jahrzehntelangen Proteste, militante Auseinandersetzungen im Tränengasnebel, Verletzte und Strafprozesse, Platzbesetzungen und Hüttendörfer, die von der Polizei geräumt wurden. Die außerparlamentarische post-68er-Linke hatte ein neues Megathema gefunden, nachdem die Arbeiterklasse die Mitarbeit am Klassenkampf für die sozialistische Weltrevolution aus eigensüchtigen Gründen verweigert hatte.

Nun war die Schöpfung das revolutionäre Subjekt und die Atomindustrie, auch als »Atommafia« attackiert, der technokratisch-kapitalistische Klassenfeind.

Moderne Technologie, eben noch ein Instrument des sozialen Fortschritts, wurde zum Kainsmal der »Risikogesellschaft« (Ulrich Beck) – ein weiteres Motiv für die Gründung von Landkommunen und Bioläden, den Urzentren einer neuen Alternativbewegung. Sie wurden von einer ganzheitlichen Vorstellung von Ökologie, griechisch *Oikos*, geprägt, der Lehre vom guten Haushalt und der gesunden Beziehung zwischen Mensch und Natur.

Von ferne erinnerte die neue Lust auf Ursprünglichkeit an die alte, um 1900 herum entstandene, von Sturm und Drang und der deutschen Romantik inspirierte Wandervogelbewegung, die die Sehnsucht nach der Natur, nach echter Gemeinschaft und nach einem »authentischen«, unverfälschten und naturnahen Leben verkörperte. Unvergessen, wie ein Frankfurter »Sponti« sich damals mit einem Esel in Richtung Griechenland aufmachte.

Die kurz darauf gegründete Partei »Die Grünen« schöpfte aus all diesen Quellen – von den geistigen Restbeständen der 68er-Revolte und den maoistischen K-Gruppen bis zu Waldschratmäßigen, rechtsnationalen Kräften, die in der neu entdeckten Liebe zu Flora und Fauna die Morgenluft einer neuen Zeit witterten. Der Kampf gegen die Atomkraft aber band sie alle zusammen. Die kapitalismuskritischen Entfremdungstheorien der Adorno- und Marcuse-geschulten Neuen Linken passten durchaus zu den urwüchsig-konservativen Naturliebhabern mit christlichem, patriotisch-nationalem Einschlag. Der eine oder andere alte Kamerad musste freilich wegen seiner NSDAP- oder SS-Mitgliedschaft von dannen ziehen.

Bis heute ist die romantische Ader der rousseauschen Unmittelbarkeit, die blaue Blume der reinen Empfindung, des Schönen, Wahren und Guten, stilbildend geblieben, freilich verbunden mit einem starken Zwang zu Weltverbesserung, Regulierung- und Kontrolle, der sich noch in Robert Habecks famosem, anfänglich 170-seitigen Heizungsgesetz widerspiegelt, das eine charakteristische Tendenz zum bürokratischen Irrsinn aufweist, also dem, was von den Utopien der 1970er-Jahre übrig geblieben ist. Nicht zufällig geriet sie ins große politische Räderwerk.

Doch an der Treue zu den Idealen der Jugend muss umso mehr festgehalten werden, als es den widrigen Realitäten im Laufe der Zeit gelungen ist, den adoleszenten Überschwang nachhaltig auszubremsen und in die beschwerlichen Mühen der Ebene zu überführen, die einfach nicht enden wollen.

Was hat man nicht alles schlucken müssen: die NATO, Kriegsbeteiligungen, den militärisch-industriellen Komplex, neue Autobahnen, die FDP, die Chemie- und Pharmaindustrie, BKA und SEK, Hochsicherheitsgefängnisse, RTL2, Schützenfeste mit Bergen von Bratwurst, Bayern München, Dieter Nuhr und Wolfgang Kubicki.

Da bleibt nur der Triumph beim Atomausstieg als unzerstörbare, identitätsbildende Lebensleistung, romantisch aufgeladen mit den Erinnerungen an eine Zeit, da selbst im Widerschein einer apokalyptischen Bedrohungslage noch der Horizont einer anderen, glücklichen Welt aufschien – hinter dem es, folgt man Udo Lindenberg, immer weitergehen sollte.

Ob dahinter noch die urgermanische Überzeugung stecken könnte, dass das, was damals richtig war, heute nicht falsch sein kann, der Gedanke ewiger Treue zu den eigenen Irrtümern, werden kommende Historikergenerationen beurteilen müssen.

Hossa, hossa, Fiesta Mexicana!

Der Mensch wurde von Beginn an nicht nur als Gärtner geschaffen, wie der Bundespräsident zur Eröffnung der Bundesgartenschau 2023 – offizielles Motto: »Beste Aussichten« – in Mannheim sagte, sondern auch als Mexikaner. So, wie der Gärtner immer Gummistiefel und einen Overall trägt, hat der Mexikaner stets einen großen Hut, den berühmten Sombrero, auf, ist bester Laune, singt, spielt und tanzt, dass es eine Freude ist, und vertilgt jede Menge leckerer Tortillas, was man ihm zuweilen auch ansieht. Deshalb ist er beliebt in der ganzen Welt – wie Speedy Gonzalez, die schnellste Maus Mexikos.

Üble rassistische Klischees.

Das deutsche Liedgut hat sie dennoch verewigt. Etwa Rex Gildo mit seiner »Fiesta Mexicana«: »Hossa, hossa, hossa, hossa, Fiesta, Fiesta Mexicana / Heut geb ich zum Abschied für alle ein Fest / Fiesta, Fiesta Mexicana / Es gibt viel Tequila, der glücklich sein lässt.«

Schlimm genug.

Oder Caterina Valente: »Coco kauft sich bitte sehr / Eines Tages Schießgewehr / Weil ein Mexicano das / Macht so großen Spaß … / Tipitipitipso / Beim Calypso / Sind dann alle wieder froh / Im schönen Mexiko.«

Ganz schlimm trieb es der Partysänger Mickie Krause, der mit dem Hit »Zehn nackte Friseusen« seinen künstlerischen Durchbruch gefeiert hatte, bevor er den Ballermann-Gassenhauer »Finger im Po – Mexiko!« sogar in der Schweiz zum Nummer-1-Hit machte, was umgehend den mexikanischen Botschafter auf den Plan rief.

Dabei gilt der rustikal-lebensfrohe Ausruf angeblich als beliebte Abschiedsfloskel nach multiethnischen Trinkgelagen im Großraum Köln.

Dass nun aber 17 Damen im fortgeschrittenen Alter zwischen 60 und 85 Jahren, die seit vielen Jahren ehrenamtlich in Alten- und Pflegeheimen unter dem Motto »Weltreise mit dem Traumschiff« auftreten, für eine 25-minütige Show mit Sombreros und Ponchos die Bühne der Bundesgartenschau 2023 erklimmen wollten, ist ein echter Skandal. Gerade noch rechtzeitig schritt die wachsame Geschäftsführung gegen die »klischeehaften Kostüme« und »kulturellen Stereotype« ein. »So nicht, meine Damen!«, hieß es. Unzweifelhaft handelte es sich um den Tatbestand einer »kulturellen Aneignung«. Gleiches galt für die spanischen Flamenco-Kostüme, den orientalischen Tanz, den japanischen Tanz mit Kimonos, den indischen mit Saris und den ägyptischen Pogo als Pharaon*innen.

Die uneinsichtige Reaktion der Rentnerinnen war typisch für jene Generation, die noch in den Bombentrichtern der Nachkriegszeit mit Murmeln gespielt hat. »Fragen Sie mich nicht nach dem Grund, ich kann diese Wörter überhaupt nicht nachvollziehen«, sagte die Gründerin des Balletts der Arbeiterwohlfahrt Rheinau aus Mannheim, Erika Schmaltz, der *Frankfurter Allgemeinen Zeitung*. »Ich weiß nicht, was ich Schlimmes gemacht haben sollte. Wir haben niemanden beleidigt oder diskriminiert.«

Von wegen.

Die Antidiskriminierungsbeauftragten aller Bundesländer wissen es besser: Eine derart ignorante Ahnungslosigkeit ist charakteristisch für Repräsentant*innen einer eurozentristischen White Supremacy Culture, die sich nichts dabei denken, wenn sie rassistische und sexistische Schablonen reproduzieren. Nach stundenlangen Verhandlungen mit der Buga-Leitung kam es zu einem Kompromiss: Von den sechs beanstandeten Kostümen wurden drei kultursensibel modifiziert. Die Kimono-Damen treten ohne Perücken auf und die Mexiko-Frauen ohne Sombrero, während die Pharaon*innen durch die modische Anmutung ägyptischer Wanderarbeiter*innen ersetzt werden. Außerdem sollte nach den Auftritten jeweils eine Diskussion über die mangelnde Kompetenz interkultureller Sensibilität in der Epoche des Postkolonialismus stattfinden. Die fielen allerdings wegen mangelndem Publikumsinteresse aus.

Ein Albtraum, ein schlechter Witz? Nein, Realität in Germanistan 2023.

Bei der nächsten Bundesgartenschau 2025 sollte man gleich auf Nummer sicher gehen und das Chiemseer Volkstheater einladen – dazu »De Randfichten« mit ihrem Smashhit »Lebt denn der alte Holzmichl noch?«.

Und wehe, wir sehen Japaner, die in Jankerl und Lederhose bayerisches Bier trinken und dabei Jürgen Drews' »Ein Bett im Kornfeld« vor sich hin summen!

Dann rufen wir: So nicht, Herr Takahashi!

Endlich leben ohne Wohnscham!

Dass Deutschland das »Land der Ideen« ist – offizielles Motto zur Fußballweltmeisterschaft 2006 –, wird niemand bestreiten, der schon einmal im Bezirksamt Berlin-Pankow versucht hat, eine Anwohner*innen-Parkplakette für Besucher*innen zu ergattern. Besonders die Wissenschaft ist in ihrem Innovationsdrang kaum zu bremsen. So hat vor einiger Zeit die Inhaberin eines Lehrstuhls für Architektur- und Wohnsoziologie, die Stuttgarter Professorin Christine Hannemann, die Forderung erhoben, in Zukunft dürfe niemand mehr als 25 Quadratmeter Wohnfläche für sich beanspruchen, und auch das nur in urban verdichteten Räumen, am besten in Gemeinschaftsunterkünften. Die geistige Nähe zum DDR-Plattenbau ist unverkennbar, und tatsächlich: Die Kollegin, Jahrgang 1960, hat an der Ostberliner Humboldt-Universität ein Diplom in marxistisch-leninistischer Soziologie erworben. Parallel zur klimabewussten »Flugscham«, so Professorin Hannemann, sei es nun höchste Zeit für »Wohnscham«. »Wir sind der Ballast der Erde. Wir müssen anders wohnen. Oder wir gehen unter«, sagte sie dem *Spiegel*.

An diesen Gedanken knüpft nun die Partei »Die Linke« an, die sich akut selbst um ihr Zuhause Sorgen machen muss, jedenfalls was die Sitze im Bundestag angeht. Sie schlägt vor, dass ältere Menschen, Senioren, Rentner, Alleinlebende, die in großen, genauer: zu großen Wohnungen und Häusern leben, mit Familien tauschen, die mit sehr beengten Verhältnissen zurechtkommen müssen. Eine Win-win-Situation, die womöglich auch die Unterbringung von Flüchtlingen mit vielen Kindern erleichtern würde.

Alternativ wäre ein Umzug von der 120-Quadratmeter-Altbau-wohnung in ein schickes E-Wohnmobil denkbar. Modernes »Van-Life« ohne Wohnscham – gerade für Senioren ideal, die vom vor-abendlichen Sonnenuntergang an der portugiesischen Atlantikküste träumen. Mobilität bis ins hohe Alter, up and away – die Hippie-Utopie vom Aussteigen kann so noch im achten Lebensjahrzehnt wahr werden. Und: Robert Habecks »Gebäudeenergiegesetz« (GEG), die Lex Wärmepumpe, findet beim Camper-Van 600 VW Grand California keine Anwendung. Es gibt keinen Ärger mit Kinder-geschrei und keinen Trittschall von den Nachbarn aus dem vierten Stock, weder leere Proseccoflaschen im Hauseingang noch über-quellende Mülltonnen.

Laut Bundesmeldegesetz § 20 muss es allerdings einen Haupt-wohnsitz geben, etwa ein brachliegendes Grundstück. Auch hier läge zum Beispiel ein Tausch Altbauwohnung gegen freie Flächen einer Flüchtlingsunterkunft nahe. Der Camper-Van 600 VW Cali-fornia braucht nicht viel Platz. Das gegenseitige Geben und Neh-men fände hier auch auf menschlicher Ebene statt, etwa beim Deutschunterricht und der Hausaufgabenhilfe.

Den Ideen sind keine Grenzen gesetzt.

Schwierig könnte es allerdings im Fall von Uli Hoeneß und sei-ner allein stehenden Villa am Tegernsee werden. Mit 71 ist er zwar im perfekten Senioren-Umzugsalter, und sein persönlicher Lebens-raum wird wohl das Zehnfache der maximal erlaubten 25 Quadrat-meter übersteigen. Doch wie wir den bayerischen Dickschädel ken-nen, wird er sich standhaft weigern, in eine Gemeinschaftsunterkunft nach Fröttmaning zu ziehen, zwischen Allianz Arena, dem Islami-schen Zentrum und der Stadtentwässerung München – trotz des kurzen Wegs ins Stadion.

Doch wir sind sicher: Der wachsende Wohnscham-Druck wird zukunftsorientierte Lösungen hervorbringen, und sei es die siebte Novelle des Gutes-Wohnen-für-alle-Gesetzes, genauer: des Gebäu-deenergiewohnraumreduzierungsgesetzes.

Der Uli muss sich also warm anziehen. Knasterfahrung hat er ja.

Unfassbar: Die Militarisierung der Bundeswehr schreitet immer weiter voran!

Vor Jahren alarmierte die Satirezeitschrift *Titanic* ihre treue Leserschaft mit der Titelzeile: »Schrecklicher Verdacht: War Hitler Antisemit?« Nun ist eine neue, furchtbare Mutmaßung aufgetaucht. Es geht um die Umbaupläne von Verteidigungsminister Boris Pistorius (SPD), der die Führungsstruktur seines Ministeriums für dysfunktional hält. Als eine der ersten Maßnahmen hat er den Brigadegeneral Christian Freuding zum Vorsitzenden eines neuen Führungs- und Planungsstabes berufen. Einen General? Wie kann das sein?

Die Bundesvorsitzende des Verbandes der gut 80 000 zivilen Beamten und Beschäftigten der Bundeswehr, Imke von Bornstaedt-Küpper, fand dafür dann auch harsche Worte der Kritik: »Das ist eine Militarisierung des Verteidigungsministeriums«, sagte sie, offenbar tief erschüttert.

Zeitenwende hin oder her – die offen geplante Militarisierung der Bundeswehr ist ein tiefer Einschnitt. Bundeswehr und Militär? Eben war doch noch Konsens: Die einst von 500 000 Mann auf 180 000 Soldatinnen und Soldaten geschrumpfte Truppe kümmerte sich neben der Flutbekämpfung an der Oder um Brunnenbau in Afghanistan und die Logistik bei der Nachverfolgung von Covid-19-Erkrankungen. Allenfalls kam sie bei der Evakuierung deutscher Staatsbürger aus Kriegsgebieten wie in Afghanistan und Sudan zum Einsatz.

Das traf sich gut mit dem Umstand, dass es sowieso kaum noch funktionstüchtige Panzer, Hubschrauber, Kampfjets und U-Boote gab. Auch der Mangel an dicken Wintersocken und Kampfstiefeln war bei den vielfältigen Bürotätigkeiten in geheizten Räumen nicht ausschlaggebend, schon gar nicht in den neuen Kitas der Kasernen, für die sich Ursula von der Leyen als Verteidigungsministerin besonders eingesetzt hatte.

Man kann es auch so sagen: Seit der katastrophal verlorenen Schlacht um Stalingrad hat sich das deutsche Soldatentum in erheblichem Ausmaß den zivilen Tendenzen zu einer Work-Life-Balance angenähert, wobei der Topos »Death« praktisch nicht mehr vorkam. Die 59 in Afghanistan gefallenen Bundeswehrsoldaten galten in der weithin desinteressierten Öffentlichkeit als Kollateralschaden eines verfehlten Einsatzes, den man statistisch mit den jährlichen Verkehrstoten verrechnen konnte. Dumm gelaufen, Pech gehabt.

Erst seit dem russischen Angriffskrieg auf die Ukraine erinnert man sich daran, dass es so etwas wie eine Panzerhaubitze 2000 gibt, angeblich das beste gepanzerte Artilleriegeschütz der Welt, das nicht nur einfach in die Luft schießt, sondern zielgenau feindliche Geschosse zerstört. Doch hier beginnt sie schon, die »Militarisierung der Gesellschaft«, wie die frühere taz-Chefredakteurin Bascha Mika in der Frankfurter Rundschau stellvertretend für viele andere besorgte Zeitgenossinnen wie Alice Schwarzer und Sahra Wagenknecht mahnte, ein gefährlicher Hang zum Militärischen, der das »zivile Denken untergräbt«. Und so hat man schon die schier endlosen Reihen durchs Brandenburger Tor marschierender Soldaten vor Augen, jeder eine Fackel in der Hand, am Rande jubelnde Volksmassen, im Deutschlandfunk ein enthusiastischer Livereporter mit sich überschlagender Stimme, der Führer … – nein, falscher Film.

Doch man kann nie früh genug die Stimme erheben. Wehret den Anfängen!

Deutschland spielt Fußball so, wie es regiert wird

Die Fußballweltmeisterschaft 2022 in Katar war eine Zäsur gewesen. So schlecht war lange keine deutsche Nationalmannschaft mehr aufgetreten, und so schied sie verdientermaßen schon in der Vorrunde aus. Besonders aufgefallen ist sie eigentlich nur durch die tagelange Debatte, welches »Zeichen« – jenseits der verbotenen Regenbogenbinde – man gegen die politischen Verhältnisse im Gastgeberland setzen sollte. Man war zwar trotz einiger Boykottforderungen in das ölreiche islamistische Emirat gereist, wollte aber eben nicht nur einfach Fußball spielen, sondern »Flagge zeigen«. Diese mentale Schieflage mit viel Heuchelei im Trikot trug ihren Teil zum Scheitern bei.

Doch auch danach liefert die deutsche Nationalmannschaft sportliche Leistungen ab, die die meisten Kommentatoren zu Recht uninspiriert nennen, blutleer und leidenschaftslos, ohne klare Strategie und kluge Taktik, nach all den Wechseln immer neuer Spieler plan- und ziellos, sodass selbst die kriegsgeplagte Ukraine gegen »Die Mannschaft« fast einen Sieg errungen hätte. Polen und Kolumbien, die nicht gerade zur Weltklasse gehören, gewannen mit Leichtigkeit gegen die deutsche Gurkentruppe.

Eigentlich ist schon länger der Wurm drin, doch ein Dreivierteljahr vor der Fußballeuropameisterschaft im eigenen Land wird die Lage langsam brenzlig, ja dramatisch. Schon fordern Fans und Experten, Bundestrainer Hansi Flick auszutauschen. Das würde freilich Mut zum Risiko erfordern, und der ist hierzulande gerade nicht sehr ausgeprägt. Man wurschtelt sich irgendwie durch – unter dem

Absingen hochherziger Lieder zur Weltrettung. Nicht zuletzt deshalb fällt anderen Zeitgenossen eine bemerkenswerte Parallele zur Politik auf.

Ob Olaf Scholz oder Hansi Flick – beide sind eher untertourig unterwegs, ohne Charisma und Überzeugungskraft, ohne eine Kommunikationsfähigkeit, mit der sie die Leute motivieren, gar begeistern könnten, von der magischen Macht des »Doppel-Wumms« (Scholz) zu schweigen.

Spötter sprechen unterdessen schon vom »Ampel-Fußball«, wenn sie die deutschen Kicker auf dem Platz herumirren sehen. Und tatsächlich: Das fruchtlose Ballgeschiebe im Mittelfeld ähnelt dem monatelangen Hin und Her bei Robert Habecks famosem Heizungsgesetz, und die Flanken, die keinen gelernten Mittelstürmer im Strafraum mehr finden, könnten ihre Entsprechung in der Unfähigkeit der rot-grün-gelben Regierung haben, Klartext zu den unübersehbaren Belastungsgrenzen durch die massenhafte Einwanderung nach Deutschland zu sprechen. Ob auf dem Spielfeld oder in der Politik – es wird sehr viel um die offensichtlichen Probleme herumgedribbelt, rasche Besserung aus der Tiefe des Raumes versprochen und an die großen Zeiten erinnert, die ganz bald wiederkehren werden.

1954, 1974, 1990, 2014 – viermal wurde Deutschland Fußballweltmeister, und auch damals gab es jeweils unverkennbare Parallelen zur Lage der Nation. 1954 war es der wiedergewonnene Stolz nach Krieg und Naziherrschaft, während das »Wirtschaftswunder« Tempo aufnahm; 1974 war der Post-68er-Zeitgeist auf dem Höhepunkt, der sich auch auf dem Finalrasen in München in einer ausufernden Haarpracht und langen Koteletten von Paul Breitner, dem Freizeit-Maoisten, manifestierte; 1990 beim Endspiel in Rom war das Glück von Mauerfall und Wiedervereinigung zur spielerischen Wucht geworden, und 2014 war Angela Merkel auf dem Gipfel ihrer Popularität, bevor die Flüchtlingskrise 2015/2016 – »Wir schaffen das!« – ihren Sinkflug einleitete.

Und heute? Es herrscht eine diffuse, unübersichtliche Situation mit viel Wut und Unzufriedenheit in der Bevölkerung, die sich auch in den Umfragen spiegeln. Die AfD rangiert in der Nähe des Rekordwerts von 20 Prozent und damit knapp vor der Kanzlerpartei SPD, während die Grünen mit Abstand schwächer sind, was aber der CDU nicht zugutekommt, die an der gläsernen 30-Prozent-Decke klebt. Die Ampel hat keine Regierungsmehrheit in den Umfragen, doch handlungsfähige Alternativen zu ihr sind auch nicht in Sicht. Bei Grünen und Linken, SPD und CDU/CSU zeichnen sich noch Richtungsdebatten ab, die nur mühsam zu verdecken sind. Kurz: Es knistert im Gebälk der Republik, und das Einzige, was wächst, ist der Bekenntniszwang.

»Ich habe auf meiner Fußballreise Menschen mit allen erdenklichen Hintergründen, Ethnien und Glaubensrichtungen getroffen. Es ist wichtig, dass ich klarstelle, dass ich wirklich ALLE Menschen liebe und niemanden diskriminiere«, schrieb der junge deutsche Nationalspieler Felix Nmecha, dem Homo- und Transphobie vorgeworfen wurden, weil er auf Instagram ein »Like« zu einem Beitrag gepostet hatte, der »Pride« als »Satanswerk« verunglimpfte. Dem strenggläubigen Christen Nmecha steht allerdings noch ein »Gespräch« mit dem DFB bevor.

Es geht also streng zu im deutschen Fußball, nur nicht auf dem Platz. Die Hymne wird weggenuschelt, die Steilpässe kommen nicht an, und die Abwehr ist offen wie ein Scheunentor. Die alten »deutschen Tugenden«, deren zentraler Wert darin bestand, auch bei spielerischer Unterlegenheit »alles zu geben«, vor allem Kampfkraft und bedingungsloser Einsatz, sind ebenso verschwunden wie die Identifikation und Begeisterung der Fans. Niederlagen der deutschen Mannschaft stürzen niemanden mehr in Trauer und Verzweiflung.

Kein Wunder: Wir sind längst eine Regenbogennation geworden, bunt, vielfältig und diskriminierungsfrei. Wir lieben alle anderen Fußballer auf der ganzen Welt. Ein triumphales 4:1, etwa gegen den Erzrivalen Italien, hätte da schon den üblen Beigeschmack ausländerfeindlicher Intoleranz und mangelnder Weltoffenheit.

Leben am Kipppunkt

»Kipppunkt« ist das Wort der Saison, Menetekel, Kampfbegriff, Anfang und Endpunkt aller Bemühungen um Klimaschutz. Danach ist Ende Gelände. Schluss, aus, Sense. Für mich persönlich kommt das alles nicht überraschend. Meinen ersten persönlichen Kipppunkt erlebte ich mit 22. Birgit hatte sich für jemand anderen entschieden. Nun schien es für mich keine Zukunft mehr zu geben. Das war zwar in der Pubertät auch schon ein paarmal geschehen, aber jetzt war endgültig Schluss. Ich war am Ende, wollte nicht mehr leben.

Ein paar Jahre später ging die Beziehung mit Elke zu Bruch. Ich wurde dennoch 30, der klassische biografische Kipppunkt. Das war's dann mit der Jugend. Zugegeben: Unsere Alterskohorte machte im Freiwilligenverband der Berufsjugendlichen e.V. einfach weiter. Dann kam der Super-GAU von Tschernobyl, und »Becquerel«, die Messeinheit für radioaktive Strahlung, wurde zum Maß aller Dinge.

Die Apokalypse rückte näher. Auch wenn ich versuchte, Untergänge aller Art von mir fernzuhalten – im Freibad offenbarte sich schon der nächste. Während ich bis dahin absolut schlank, ja regelrecht dünn gewesen war, obwohl ich keine harten Drogen nahm, bemerkte eine Freundin an mir plötzlich eine kleine Wölbung rund um den Bauchnabel. Vielleicht waren es auch nur die Keftedes mit Pommes, Krautsalat, Bier, Ouzo und Metaxa aufs Haus bei Kostas vom Vorabend, aber die Botschaft war unmissverständlich: Achtung, Obacht, aufgepasst: Der Stoffwechsel verlangsamt sich – altersbedingt, aber auch, weil ich nicht mehr jeden Tag drei Stunden auf dem Fußballplatz verbrachte. Ich lebte dennoch irgendwie weiter, denn dick war ich ja nicht.

Fast unmerklich schlich der nächste Kipppunkt heran. Ich war 48 Jahre alt, und bei der Morgentoilette sah ich mich einmal etwas länger als sonst im Spiegel an. Unwillkürlich entfuhr mir der Satz: Das wird nun auch nicht mehr besser! Aber immer noch konnte ich mir sagen: Für mein Alter geht's ja noch, man wird nicht jünger. Der Leitgedanke der Body-Positivity existierte damals noch nicht.

Ein Zurück gab es jedenfalls nicht. Typisch Kipppunkt eben. Ab Mitte 60 war dann endgültig Schluss mit lustig. Kipppunkt Nummer 5 oder 6, je nach Zählung, wurde erreicht: die Rente. Für viele der leuchtende Horizont ihrer Träume, für mich eine harte Zäsur und die Gelegenheit, Bilanz zu ziehen. Sie sah gar nicht so schlecht aus, aber Kipppunkt Nummer 7 geriet allmählich in Sichtweite: das Ende, der Tod, höchstwahrscheinlich ohne Wiederauferstehung oder Wiedergeburt als Almwirt am Dachstein.

Ein Trost aber blieb: Zwischen all den Kipppunkten ging das Leben recht munter weiter, unter Mühen zwar, aber voller Ideen, wie die Welt idealerweise sein sollte. Stets im Fokus stand der berühmte, letztlich imaginäre dialektische Umschlagspunkt, jener messianische Kipppunkt für angehende Revolutionäre, an dem die ungerechten, sich ständig verschärfenden gesellschaftlichen Verhältnisse in einem Akt weltweiter Befreiung für immer verschwinden würden.

Vielleicht ist das die größte Gemeinheit der Klimakatastrophe: dass sie den jungen Menschen von heute nur noch einen einzigen Kipppunkt übrig lässt, der zugleich der letzte ist.

»Eine Riesensauerei!«, würde Lothar Matthäus sagen.

So macht die Revolution
keinen Spaß

Der 1. Mai in Berlin ist seit 1987, als es zum ersten Mal zu kalendarisch punktgenau ausgelösten Straßenschlachten kam, ein Tag zum Innehalten: Wo stehen wir, wo wollen wir hin? 35 Jahre lang wurde die Diskussion darüber vorwiegend mit Steinen, Flaschen und Molotowcocktails geführt. Müllcontainer und Autos brannten, Supermärkte und kleinere Läden wurden geplündert, während die Polizei immer neue Deeskalationsstrategien ausprobierte – meist erfolglos. Das Ritual hielt sich über Mauerfall und Wiedervereinigung hinweg, weder 9/11 noch Corona, weder der Ukraine-Krieg noch die nahende Klimakatastrophe konnten daran etwas ändern.

In diesem Jahr aber kam es zur Zeitenwende: Der 1. Mai 2023 war der friedlichste seit Menschengedenken. In der Öffentlichkeit war fast ein bisschen Enttäuschung zu spüren: Wie kann das sein? Plötzlich gar kein Krawall mehr! Dafür war endlich Zeit, in die inhaltliche Diskussion einzusteigen, und die mitgeführten Transparente enthielten jede Menge Angebote zum kritischen Diskurs: »No war but class war« hieß es da klassenkämpferisch. »Nicht die Menschheit – *dieses* System muss untergehen!« Oder, auch wenn der Satzbau etwas hinkte: »Es ist an der Zeit: Für eine wirkliche Revolution organisieren«.

Kurz und knapp fiel die Mitteilung aus, die schon unter August Bebel, Rosa Luxemburg und Karl Liebknecht wichtig war: »Brot. Frieden. Sozialismus.« Die gereimte englischsprachige Fassung war auf einem anderen Transparent zu lesen: »One Solution – Revolution!« Alternativlos, versteht sich. Auch Veganer und Tierschützer äußerten sich in der Traditionslinie von Karl Marx und Heinz Sielmann dezidiert kapitalismuskritisch: »Eat the Rich, not Animals!« Klassisch die Formulierung »Das System ist die Krise – Anarchismus in die Offensive!«. Und unvermeidlich der Sprechchor »Ganz Berlin hasst die Polizei!«. Diskussionsstoff war also ausreichend vorhanden. Die Polizei reagierte allerdings wenig debattenfreudig und antwortete mit der humorlosen Lautsprecherdurchsage: »Bitte entfernen Sie sich in kleinen Gruppen!«

Überraschend, dass in dieser Situation auch vom legendären Theorieorgan der Neuen Linken, der Tageszeitung *taz*, wenig praktische Unterstützung zu erwarten ist. Im Gegenteil. In ihrem neuesten Buch *Das Ende des Kapitalismus* scheint sich die *taz*-Redakteurin Ulrike Herrmann zwar auf die Seite der Kreuzberger Revolutionäre zu schlagen, lobt aber erst einmal die historisch erfolgreiche Dynamik der kapitalistischen Wirtschaftsordnung, die Demokratie, Bildung, Gerechtigkeit und Wohlstand signifikant vorangebracht habe. Dann folgt die irritierende Volte: Jetzt aber nicht mehr! Nicht im Angesicht der Klimakatastrophe! Weil der Kapitalismus ohne das längst destruktiv gewordene Wachstum nicht existieren könne, gehe es nun um »grünes Schrumpfen«. Weniger ist mehr, noch weniger ist besser. Gar nichts hilft am meisten.

In Ulrike Herrmanns antikapitalistischer Zukunftsvision würde es keine Flüge mehr geben und auch keine privaten Kraftfahrzeuge. Der Staat würde bestimmen, wie die Menschen wohnen dürfen – auf keinen Fall in Einfamilienhäusern und Zweitwohnungen. Der Neubau müsste wegen Klimaschädlichkeit verboten werden, stattdessen würden die bestehenden Flächen »gerecht verteilt«, wahrscheinlich von einer staatlichen »Evaluierungskommission für die klimaneutrale Zuteilung von Wohnraum«. Der schädliche Fleischkonsum würde nur ausnahmsweise erlaubt. Generell dürften die Menschen nicht mehr so viel essen.

2500 Kalorien am Tag seien genug: 500 Gramm Obst und Gemüse, 232 Gramm Vollkorngetreide oder Reis, 13 Gramm Eier, 7 Gramm Schwein. »Auf den ersten Blick mag dieser Speisezettel etwas mager wirken, aber die Deutschen wären viel gesünder, wenn sie ihre Essgewohnheiten umstellten«, freut sich die *taz*-Wirtschaftsexpertin jetzt schon. Originalton Herrmann: »Rationierung klingt unschön. Aber vielleicht wäre das Leben sogar angenehmer als heute, denn Gerechtigkeit macht glücklich.«

In einem Interview mit der Austria Presse Agentur (APA) präzisierte sie ihr Vorbild, die britische Kriegswirtschaft ab 1940: »Ich beschreibe, wie man in wenigen Wochen die gesamte Wirtschaft umbauen kann. Die Salamitaktik wird nämlich nicht funktionieren, weil der Kapitalismus dann chaotisch zusammenbricht. Das muss alles aus einem Guss und auf einen Schlag umgestellt werden. In dieser ›Überlebenswirtschaft‹ gibt es dann keine Flüge mehr, keine Versicherungen, keine Banken, keine Autos. Das ist vorbei. Die Menschen hätten immer noch Arbeit, aber sie müssten sich sehr stark darum kümmern, die Lebensgrundlagen zu erhalten – etwa durch die Wiederaufforstung des Waldes.«

Würde man eine Blitzumfrage in linken Kreuzberger Kneipen veranstalten, kämen diese revolutionären Aussichten, bei denen wahrscheinlich auch die tägliche Höchstmenge an Bier auf 20 ml festgelegt würde, nur mittelgut an. Hatte nicht schon Karl Marx vom »Reich der Freiheit« gesprochen, davon, dass im Kommunismus jeder nach seinen Fähigkeiten und Bedürfnissen leben könne – und dann nur 7 g Schwein pro Tag, also ein Minischnitzel im Monat?

Auch in den Restaurants von Charlottenburg, bei Verlagsempfängen der Frankfurter Buchmesse und After-Show-Partys der »Goldenen Kamera«, wo man am Meeresfrüchte-Büfett mit dem Seufzer »Dieser wahnsinnige Überkonsum! Muss man denn zehn verschiedene Fischsalate haben?« zustimmendes Kopfnicken erntet, während die Gambas à la plancha vom Teller rutschen, wird die utopische Schrumpfdiät mit Vollkorngetreide und Subbotnik bei der Waldaufforstung im Harz wenig Freunde finden.

So hat man sich die Revolution gegen den Konsumterror nicht vorgestellt. Doch der Kampf geht weiter. Spätestens am 1. Mai 2024.

Boris Palmer – der Bösewicht des Verdrängten

In Sigmund Freuds psychoanalytischer Theorie bezeichnet der Begriff der Verdrängung einen Abwehrmechanismus, der innere oder zwischenmenschliche Konflikte regelt, indem er tabuisierte oder bedrohliche Tatsachen, Ideen und Vorstellungen von der bewussten Wahrnehmung fernhält. Freud, 1856 geboren und 1939 gestorben, kannte zwar weder Ricarda Lang noch Omid Nouripour, schon gar nicht Katrin Göring-Eckardt oder Claudia Roth, aber präziser kann man die psychodynamische Binnenlogik der grünen Flüchtlings- und Migrationspolitik nicht charakterisieren.

Dass sie mit der hartnäckigen Blockade einer offenen Diskussion über Grenzen der Flüchtlingsaufnahme nicht alleine stehen, ändert nichts daran, dass die Verdrängung unangenehmer, das politische Über-Ich verunsichernder Zustände zum Kerngeschäft der Öko-partei gehört. Ihr wichtigstes Instrument in der politischen Kommunikation ist die A-priori-Moralisierung aller Debatten, ein »Framing« im Sinne des Labels »Wir-sind-die-Guten«, bevor wesentliche, darunter unschöne Fakten überhaupt zur Sprache gekommen sind.

Systematische Verdrängung aber, gerade wenn sie im großen Stil praktiziert wird, bringt Affekte, Neurosen, Symptome aller Art hervor, die auf eine »kognitive Dissonanz« hindeuten, auf intellektuelle Schizophrenie. Das verbotene Böse, das nicht gedacht werden darf, kommt aber irgendwann zurück – als Wiederkehr des Verdrängten. Bei den Grünen hatte bis zu seinem spektakulären Parteiaustritt im Mai 2023 Boris Palmer die Rolle des Bösewichts inne – Narr am Hofe Habeck, Herr der Shitstorms, Meister aller Empörungsklassen.

Der Eklat an der Frankfurter Universität mit »N-Wort« und »Judenstern« war nur das vorläufig letzte und grellste Symptom einer Situation, in der die Benennung des weißen Elefanten im Raum schon eine unverzeihliche Grenzüberschreitung darstellt.

Dass der (ex-)grüne Bösewicht Palmer parteiinterne Sprech- und Denkverbote mit polemischen Übertreibungen und verletzenden Provokationen konterkariert und überkompensiert, ist Teil dieser Konstellation, die einer Familienaufstellung nicht ganz unähnlich ist.

Zu ihr gehört die Angst vor der eigenen Partei – auch und gerade bei jenen, die ganz oben stehen. Vor ein paar Jahren führte ich ein Gespräch mit einem Spitzengrünen, der von selbst das Thema Flüchtlinge und Integration ansprach. Während eines Wahlkampfes sei eine ältere Frau auf ihn zugekommen und habe unter Tränen sinngemäß gesagt: »Ich war immer Grünen-Wählerin, aber ich kann euch nicht mehr wählen, wenn ich sehe, wie meine Tochter im Freibad von jungen Migranten belästigt wird.« Was sie wohl meinte: Und ihr redet über so etwas nicht, ihr tut nichts dagegen.

Ich war von dieser Offenheit meines grünen Gesprächspartners überrascht und schilderte die Szene in meinem Artikel für eine große Tageszeitung in zwei, drei Sätzen. Zum Verständnis: Es handelte sich nicht um ein »Hintergrundgespräch«, aus dem nicht zitiert werden darf. Natürlich legte ich alle wörtlichen Zitate zur Autorisierung vor. Dann erhob sich ein Sturm der Entrüstung: Unter gar keinen Umständen dürfe das im Text stehen! Wehe!

Die Botschaft war klar: Wenn diese Anekdote veröffentlicht würde, käme er in Teufels Küche. So viel Originalton aus der Wirklichkeit verzeiht die Partei nicht. Ich war irritiert, erinnerte mich aber an eine andere Äußerung eines grünen Bundestagsabgeordneten, der gesagt hatte, in der Fraktion könne man nicht wirklich frei über alle Aspekte der Migrationspolitik sprechen. Auch hier die Botschaft: Wer es dennoch wagt, wird rundgemacht.

Natürlich strich ich die gefährlichen Sätze, die nichts anderes waren als ein winziger Realitätssplitter aus dem normalen Alltagsleben. Die angstbesetzte, geradezu hysterische Reaktion darauf zeigt aber, wie zutreffend Sigmund Freuds Theorie der Verdrängung auch heute noch ist. Was immer Boris Palmer persönlich vorzuhalten ist: Er repräsentierte über Jahre das Unbewusste der offiziellen Parteidoktrin, die das grüne Über-Ich bewacht.

Das wahre Drama besteht darin, dass sich dazwischen ein ressentimentgeladenes Spannungsfeld aufgebaut hat, in dem eine unvoreingenommene, ebenso sachliche wie streitbare Diskussion nicht mehr möglich ist.

Ohne den ewigen Bösewicht Palmer wird sich das Verdrängte und Verleugnete andere Ventile suchen – jedenfalls so lange, wie eine Veranstaltung mit dem Titel »Migration steuern, Pluralität gestalten«, wie an der Frankfurter Universität geschehen, mit »Nazis raus«-Rufen quittiert wird.

Die *taz*-Kolumnistin Amina Aziz steuert freilich eine andere Lösung an: Man müsse eben so lange warten, bis die alten weißen Männer, all »diese rechten Boomer ausgestorben sind«.

Eine klassische Endlösung. Nur für welche Frage?

Axel Steier, Chef der NGO »Mission Lifeline«, die neben der privaten »Seenotrettung« im Mittelmeer auch am Bundesaufnahmeprogramm für Afghanistan des Auswärtigen Amtes beteiligt ist, hat eine geschichtsphilosophische Antwort parat: Es gehe darum, wie lange es noch dauere, bis Deutschland endlich verschwunden sei.

Im Januar 2023 schrieb er auf Twitter: »Alle hoffen auf ein Ende von Rassismus und Abschottungspolitik. Ich fürchte, dass das nicht kommt, solange Deutschland existiert. Das ist alles so verfestigt und in den regelhaften Strukturen fest verankert, das ist mit Reformen nicht zu lösen.« Aber er ist ein Optimist: »Bald ist Schluss mit dem lustigen Leben als Weißbrot!« Er hätte auch sagen können: »Ende Gelände, ihr deutschen Kartoffeln!« »Weg mit Weißkohl, Sauerkraut und Kohlrabi!«, dem ganzen weiß-germanisch-biodeutschen Gesocks eben. Jetzt kriegt ihr ihn endlich, euren verdienten Untergang!

Und so hat der 1975 in Neuruppin/DDR geborene Fachmann für völkische Angelegenheiten den Endsieg schon vor Augen: »Die

Ent-Homogenisierung der Gesellschaft schreitet voran. Ich unterstütze das mit meiner Arbeit.«

Mit freundlicher Hilfe der Bundesregierung, versteht sich.

Die Klima-Avantgarde und der neue Klassenkampf

Frühling auf dem Berliner Kurfürstendamm. Ein sonniger Samstagmorgen im April 2023. Plötzlich schießen aus mehreren präparierten Feuerlöschern orangefarbene Fontänen auf die Schaufenster und Fassaden der Luxusläden von Gucci, Rolex, Prada und Louis Vuitton. Über mehrere Hundert Meter hinweg ist die berühmte Promenade bis zum Bürgersteig mit klebriger Farbe bedeckt. In aller Seelenruhe konnten die »Klimaaktivisten« zur Tat schreiten, niemand hielt sie ab.

Die wütenden Beschimpfungen durch unverständige Passanten bestärkten sie in ihrem ausgeprägten Sektenbewusstsein nur noch. Mitglieder von »Scientology« und den »Zeugen Jehovas« lassen sich ebenfalls durch Kritik nicht beirren, und die Verkäufer des *Wachtturms* stehen schon seit Jahrzehnten immer an derselben Ecke. Auch die Hare-Krishna-Sekte bleibt bis heute ihrem erfolgreichen Mantra treu: *Hare Kṛṣṇa Hare Kṛṣṇa Kṛṣṇa Kṛṣṇa Hare Hare Hare Rāma, Hare Rāma Rāma Rāma Hare Hare.*

Ganz ohne das Absingen religiöser Strophen, aber voll Sündenstolz lassen sich die Farbattentäter von der Polizei festnehmen. Ihre Botschaft ist längst angekommen: Die Reichen zerstören das Weltklima und führen uns in den Abgrund. Weg mit all den Louis-Vuitton-Taschen! Der Jute-Beutel reicht.

Auf den eilig herbeigeschafften Leitern aber stehen keine russischen Oligarchentöchter oder Erben chinesischer Supermilliardäre, sondern Arbeiter aus Moabit und Wedding, ganz ohne Segeljacht und 30-Zimmer-Villa. Sie dürfen nun den ganzen Samstag und den ganzen Sonntag damit verbringen, die getrockneten Farbrückstände mit der Spezialspachtel abzutragen, Zentimeter für Zentimeter. Hochdruckreiniger würden das Glas beschädigen.

Ein paar Meter weiter redet eine junge Frau auf eine ebenso junge Passantin ein und benutzt dabei wortgleich die Formulierung, die von der Sektenführung wohl an alle Mitglieder ausgegeben wurde: »Ich würde ja so gerne ein normales Leben führen, shoppen gehen und Cappuccino trinken, aber wir haben nur noch drei Jahre Zeit bis zum Kipppunkt …«

Es ist offenbar auch der Kipppunkt eines neuen Klassenkampfes, der sich seit vielen Monaten auf den Straßen der Ampel-Republik abspielt, denn die fortgesetzte Nötigung von Tausenden Autofahrern, Handwerkern, Pflegekräften, Krankenwagen- und Feuerwehrbesatzungen richtet sich unmittelbar gegen die arbeitende Klasse, die zum Instrument einer politischen Erpressung geworden ist nach dem Motto »Je länger der Stau, desto größer der Druck auf den Olaf, den Robert und den Christian, das 9-Euro-Ticket einzuführen«.

All die Carlas, Luisas und Linas aber, meist aus gutem Hause, in jedem Fall obere Mittelschicht, adrett, medienkompatibel und sprechfertig, was die Geschwindigkeit der kaskadenhaften Abfolge ihrer einstudierten Worthülsen angeht, nehmen die klassische Rolle einer Avantgarde ein, die alleine weiß, wie die Lage ist und was das Erkennen der Wahrheit gebietet. Daher können sie nicht anders, ja, sie sind geradewegs dazu verpflichtet, ihr Studium aufzugeben, Jobs zu kündigen und Freundschaften zu riskieren, weil es jetzt um alles geht – um die Verhinderung des Weltuntergangs.

Nur deshalb müssen sie jeden Morgen den Berufsverkehr lahmlegen, berühmte Gemälde verunstalten, Parteizentralen beschmieren und angebliche Privatjets von Superreichen besprühen, samt Selbstbezichtigung via Twitter: »Komfort für manche, Todesurteil für andere – wir haben am Flughafen BER einen äußerst gefährlichen Gegenstand markiert. Der exzessive Luxus der Superreichen geht auf Kosten der Mehrheit, und wir sollten das keinen Tag länger hinnehmen.«

Dass es sich bei dem vermeintlichen Luxusjet der Superreichen um einen Oldtimer mit Propeller-Antrieb handelte, ein 50 Jahre altes Kleinflugzeug, das sechs Ärzten aus Kopenhagen gehört, die es in der Freizeit zu kleinen Ausflügen nutzen, ist egal. Die Benchmark ist das drohende Todesurteil für die Menschheit. Darunter macht man es nicht, deshalb kommt es auch nicht auf Details an.

Inzwischen werden auch Minderjährige eingespannt, 14- bis 16-Jährige, und die vorgestanzten Phrasen werden mundfertig mitgeliefert. Nach einer weiteren Farbattacke auf die gläsernen Tafeln in der Nähe des Reichstags, auf denen ein israelischer Künstler zentrale Artikel des Grundgesetzes eingraviert hat, klagt ein 16-Jähriger laut Presseerklärung der »Letzten Generation«: »Die Regierung bricht unsere Verfassung. Sie nimmt mir damit meine Freiheiten, meine Grundrechte, meine Chance auf ein erfülltes Leben. Wenn wir in der Klimahölle angekommen sind, wird es kein Grundgesetz mehr geben, das geschützt werden kann – wir müssen die Regierung *jetzt* auf den Boden der Verfassung zurückholen!«

Wer vor langer Zeit einmal jung war, erinnert sich nicht daran, in einer auch nur annähernd ähnlichen Diktion propagandistischer Politprosa junger FDJ-Pioniere von Bundeskanzler Adenauer gefordert zu haben, »meine Chance auf ein erfülltes Leben« zu wahren. Auch Ludwig Erhard und Kurt Georg Kiesinger haben wir damit verschont. Für ein erfülltes Leben haben wir dann, gegen allerlei Widerstände, selbst gesorgt.

Doch wer sich heute zur letzten Generation zählt, hat nichts mehr zu verlieren, auch nicht das Gefühl für grenzenlose Selbstanmaßung und andere Peinlichkeiten. Nach einem windungsreichen, doch recht erfüllten Leben lautet unsere Einschätzung: Sekten neigen dazu, noch den hintersten Winkel einer Sackgasse zu erforschen, bis der Erste auf die Idee kommt umzudrehen. Ein amerikanisches Sprichwort sagt es so: Wenn du im Loch sitzt, hör auf zu graben!

Letzte Generation: Größenwahn in klimatöser Vollendung

Ich habe wirklich viel Verständnis für die Nöte der Klimaschützer und Klimaretter. Sie verlassen Schulen, brechen Studiengänge ab, erlernen keinen Beruf, weil solche Nebensächlichkeiten vollkommen unwichtig sind. Die Zeit läuft uns davon, es ist nicht fünf vor, es ist bereits fünf nach zwölf. Wenn wir jetzt das Ruder nicht herumreißen, wird die Welt untergehen und mit ihr alles Leben, das menschliche, das tierische und auch das der Pflanzen. Und wir haben keinen Planeten B, auf den wir uns retten könnten.

Das meinen nicht nur die jungen Menschen, die sich von Brücken abseilen und am Asphalt festkleben, die den Hambacher Wald retten und das Dorf Lützerath vor dem Abriss bewahren wollten, das meinen auch »96 % aller Wissenschaftler«, und deswegen muss an der Idee etwas dran sein. 96 Prozent! Ich weiß nicht, wer diese Zahl erfunden und in Umlauf gebracht hat. Ich lese und höre sie nur überall, als würden die Klimaschützer und Klimaretter »Stille Post« spielen. Ich kenne auch keinen zweiten Fall dieser Art. Oder hat es jemals irgendwo eine Abstimmung über die Relativitätstheorie, die Quantentheorie, die Theorie der unsichtbaren Hand von Adam Smith oder Joseph Schumpeters Theorie der kreativen Zerstörung gegeben? Allenfalls der Marxismus-Leninismus, die offizielle Staatsdoktrin der Sowjetunion und ihrer Satelliten, könnte für sich den Anspruch erheben, die einzig richtige Gesellschaftslehre zu sein – anerkannt von mindestens 96 % ihrer Anhänger.

Ähnlich verhält es sich mit der Lehre von der unbefleckten Empfängnis Mariens, einem 1854 verkündeten Dogma der römischkatholischen Kirche, das man als Blaupause für das Dogma vom »menschengemachten Klimawandel« deuten kann. Da und dort kommt es nur auf den Glauben kann. Wer zweifelt, läuft Gefahr, aus der Gemeinschaft der Rechtgläubigen ausgestoßen zu werden.

Die Klimaschützer und die Klimaretter wissen oder ahnen es, dass sie trotz der vermeintlichen Unterstützung durch »die Wissenschaft« auf einem dünnen Seil über einem tiefen Abgrund balancieren. Sie können sich weder auf »das Recht zum Widerstand« gemäß Art. 20 des Grundgesetzes berufen noch auf irgendeinen übergesetzlichen Notstand, der es rechtfertigen würde, Tausende von Menschen als Geiseln zu nehmen, um »ein Zeichen« gegen die Klimakatastrophe zu setzen.

Deutsche Klimaschützer und Klimaretter sind zudem beinharte Nationalisten, flink wie Windhunde im Kampf mit der Polizei, zäh wie Leder, wenn sie beim Ankleben mit dem Asphalt verschmelzen, hart wie Kruppstahl, wenn sie nach der Verurteilung durch ein Gericht sofort wieder in den Actionmodus schalten, waschechte Überzeugungstäter, für die der Zweck die Mittel heiligt.

Sie schummeln nicht, sie sind wirklich davon überzeugt, die Bundesregierung hätte die Macht, dem Klimawandel die Stirn zu bieten, tue es aber nicht aus Angst vor mächtigen Interessengruppen.

Macht man sie – freundlich und höflich – darauf aufmerksam, Deutschland sei nur mit einem Prozent an der globalen Bevölkerung beteiligt und für etwa zwei Prozent der weltweiten CO_2-Emissionen verantwortlich, also klimapolitisch ein Zwerg, dessen Verschwinden dem Klima nichts ausmachen würde, dann erwidern sie: »Umso mehr kommt es darauf an, dass wir mit gutem Beispiel vorangehen. Wenn die anderen sehen, dass wir es können, werden sie uns folgen.«

Das ist deutscher Größenwahn in klimatöser Vollendung. Die Kränkung, bestenfalls ein Gartenzwerg zu sein, der mit den Alphatieren unter den Weltverschmutzern nicht mithalten kann, verwandelt sich in Stolz über eine Poleposition, die das Schicksal den Deutschen zugedacht hat. Wer, wenn nicht wir? Und wann, wenn nicht jetzt? Es ist, als würde sich der Kleingartenverein »Glück im

Winkel« um den Auftrag bemühen, die nächste Bundesgartenschau ausrichten zu dürfen.

Allerdings sind die Klimaschützer und Klimaretter durchaus in der Lage, sich zu bewegen, ohne ihre Stellungen aufzugeben. Klingt nicht logisch, ist aber so. Seit Kurzem macht ein neues Argument die Runde; das heißt, wirklich neu ist es nicht, es ist nur mäßig erneuert.

Im Laufe einer Diskussion über die Aktionen der »Letzten Generation« wurde ich von einem Anhänger und Promoter der Bewegung belehrt, mein Standardargument – ein Prozent der Weltbevölkerung emittiert zwei Prozent der weltweiten CO_2-Menge – sei nur halb richtig. Geht es um den deutschen Anteil an der globalen CO_2-Bilanz, müsste man noch einiges dazurechnen, nämlich die Emissionen deutscher Firmen außerhalb der Bundesrepublik, die ebenfalls auf das deutsche Konto »gebucht« werden sollten. Dann käme man auf viel mehr als nur zwei Prozent.

Der Mann, der seinen Migrationshintergrund geschickt in den Vordergrund schob, hatte mich kalt erwischt.

Ich war so platt, dass mir das richtige Argument erst am Tag danach einfiel: Würde eine solche Regelung auch in der Gegenrichtung gelten, z. B. für Tesla, ein US-Unternehmen, das in Brandenburg Autos produziert? Oder den US-Konzern Procter and Gamble, der an neun deutschen Standorten u. a. das Waschmittel Ariel und den Allzweckreiniger Meister Proper herstellt? Wie viel CO_2 entweicht dabei in die Atmosphäre?

Wie gesagt, ich habe wirklich viel Verständnis für die Nöte der Klimaschützer und Klimaretter. Sie opfern sich für das Klima, um damit ihrem sinnentleerten Dasein einen Sinn zu geben. So wie Tucholsky es beschrieben hat. »Nie geraten die Deutschen so außer sich, wie wenn sie zu sich kommen wollen.«

Das Volk der Dichter und Denker hat das kleine Einmaleins verlernt

Die Meldungen prasseln im Tagesrhythmus wie Hagelschauer herab: Immer mehr Unfälle mit Radfahrern und E-Scootern, immer mehr Menschen, die keine passende Wohnung oder Kitaplätze finden, immer mehr Alte, die ihre Pflegekosten nicht bezahlen können, immer mehr Armutsgefährdete, immer mehr Schulkinder, die auch nach Jahren nicht lesen und schreiben können, immer mehr marode Autobahnbrücken, gefährliche Messerangriffe und psychische Erkrankungen – woher und wie kommt das bloß alles? Wie kann das denn überhaupt sein?

Die verwunderte, teils ungläubige Reaktion auf all die schlechten Nachrichten verrät vor allem eines: Offenkundig leidet das einstige Volk der Dichter und Denker unter einer akuten Schwäche beim Kopfrechnen. Viele können zwar inzwischen ihren Namen tanzen, aber nicht mehr 1 + 1 zusammenzählen. Dabei waren die Deutschen früher leidenschaftliche Erfinder und Technikfreaks, Schrauber und Bastler, Heimwerker und Zahlenfüchse, die in jeder Statistik den Fehler entdeckten – für sich selbst aber auch neue Schlupflöcher in der Steuererklärung fürs Finanzamt.

Nicht so heute.

Inzwischen will man vieles gar nicht mehr so genau wissen. Hauptsache, es klingt gut, irgendwas mit sozialem Fortschritt, Gerechtigkeit und Solidarität, mehr »Quality Time«, Klimaneutralität, Respekt und kreativer Freizeitgestaltung mit nachwachsenden Rohstoffen.

Das zeigt sich auch im harten Alltagskampf Mensch gegen Mensch im Sinne von homo homini lupus.

Als Radfahrer der ersten Stunde, der schon 1960 beim Großvater Ludwig im Frankfurter Stadtwald auf dem Kindersitz saß (und nicht vorne im regengeschützten Vorbau eines Turbo-Lastenfahrrads), bin ich Zeitzeuge auf Augenhöhe: In den letzten zehn Jahren hat sich die Zahl der Radfahrenden – hier stimmt die Partizip-Konstruktion einmal – vervielfacht, sodass die Unfallgefahr logischerweise gestiegen ist, zumal E-Bikes, Lastenräder, E-Roller, E-Scooter und Touri-Segways manch größere Kreuzung zum wahren Schlachtfeld einer querfeldein rasenden Meute machen, die von der Straßenverkehrsordnung noch nie etwas gehört hat. Auch hier spielt das moralische Überlegenheitsgefühl gegenüber dem Automobil jedweden Antriebs eine entscheidende Rolle, wobei inzwischen auch Fußgänger zu den Bodentruppen des ideologischen Feindes gezählt werden. Manche Oma an der Straßenbahnhaltestelle hat es leidvoll erfahren.

Die schlichte mathematische Frage aber lautet: Wenn x der zur Verfügung stehende Straßenraum ist und y die Zahl der Zweiräder – was passiert, wenn y exponentiell ansteigt, x aber gleich bleibt?

Ähnliche banale Überlegungen aus dem Matheunterricht der Sekundarstufe I gelten für die neue Wohnungsfrage – die alte hat Heinrich Zille schon vor über 100 Jahren in seinen Berliner Hinterhof-Skizzen porträtiert. In den letzten zehn Jahren ist die Wohnbevölkerung in Deutschland um mindestens vier Millionen Menschen gewachsen, was de facto nur an der Zuwanderung liegt, da die durchschnittliche Geburtenrate von gut 1,5 Kindern pro Frau eher ein Schrumpfen des Volksganzen bedeutet hätte. Gleichzeitig brach der Neubau von Wohnungen ein, was nicht zuletzt an immer mehr klimapolitisch-arbeitsrechtlich-bürokratischen Hürden jener Ampel-Regierung liegt, deren Mantra das »neue Deutschlandtempo« ist. Auch hier hätten nicht nur Physiker ein paar Fragen zum Thema Beschleunigung nach der Formel $v = a \times t$.

Aber selbst für Amateurmathematiker, die gerade noch einfache Gleichungen und den Dreisatz hinkriegen, stellt sich bei alldem kein unlösbares intellektuelles Problem: Es handelt sich schlicht um eine logische Folge des politischen Handelns und der teils selbst herbeigeführten äußeren Umstände. So was kommt von so was.

Gleiches gilt für das Fehlen von Kitaplätzen und qualifizierten Erzieherinnen, den Mangel an Bäckereifachkräften, Metzgergesellen und Köchen, überfüllte Schulklassen, in denen fast niemand deutsch spricht, steigende Kinderarmut und immer mehr Messerattacken, die junge Männer meist an anderen jungen Männern verüben.

Aber vielleicht ist das der entscheidende Fortschritt in Germanistan: Man muss nicht immer Ursachen und Gründe erforschen und alles bis auf vier Stellen hinter dem Komma genau berechnen. Es reicht auch, einfach mal zu träumen.

Als jüngst bei einer groß angelegten, wissenschaftlich begleiteten Umfrage herauskam, dass rund 80 Prozent der Deutschen eine Vier-Tage-Woche bei vollem Lohnausgleich »befürworten« (für die Jungen: die Sache urst geil, mega, cool, lässig, ultrakrass, fettstabil o.Ä. fänden), wurde die frohe Botschaft von sämtlichen Medien in die Welt gesandt, als handele es sich um den endgültigen Durchbruch bei der Verwandlung von minderwertigem Pfälzer Landwein in grünen Wasserstoff, der auch flaschenweise zum Heizen verwendet werden kann. Noch mehr Begeisterung hätte nur ein Doppel-Wumms aus Freibier für alle und der Abschaffung sämtlicher Parkgebühren hervorgerufen.

Bloß keine Blumen zum Muttertag!

Tempora mutantur et nos in illis, sagt der Lateiner und wiegt seinen Kopf. Wie sich die Zeiten ändern! Wer erinnert sich noch an Johannes Dyba, der von 1983 bis zu seinem Tod im Juli 2000 ein allseits gefürchteter Bischof des Bistums Fulda war? Er war die Inkarnation des erzkonservativen, ja geradezu reaktionären deutschen Katholizismus, streitbar, durchaus charmant und redegewandt, aber schwarz wie die Nacht und ein Bruder im Geiste der damaligen CDU-Größen, der sogenannten Stahlhelmer Alfred Dregger und Manfred Kanther. Zu dieser fernen Zeit erzielte die CDU regional und lokal noch 60-Prozent-Mehrheiten. Über Kanther soll Joschka Fischer einmal gesagt haben soll, der passionierte »Nass-Kämmer« ziehe jeden Morgen seinen blonden Scheitel mit dem Rasiermesser.

Wie auch immer: Dyba war schon zu seiner Zeit ein Dinosaurier, Überbleibsel einer versunkenen Welt von gestern, der Aidskranke als »Tote auf Urlaub« bezeichnete, Befürworter einer rechtlichen Anerkennung gleichgeschlechtlicher Partnerschaften in die Nähe von Geisteskranken rückte und Homosexualität gerne mit sexuellem Missbrauch oder Menschenhandel in Zusammenhang brachte, wobei er vom »Import von Lustknaben« sprach. Der Aufschrei der anderen war programmiert.

Ein Vierteljahrhundert später wissen wir, dass die Lustknaben für schwule Priester gar nicht aus dem Ausland importiert werden mussten, sondern direkt aus dem Sauerland, Oberbayern und dem Teutoburger Wald kamen und heimatnahe Verwendung fanden.

Wie sehr sich die Zeiten geändert haben, zeigt sich nun ausgerechnet in einer katholischen Kindertagesstätte des Bistums Fulda, im schönen Amöneburg-Mardorf, Landkreis Marburg-Biedenkopf. Dort verschickte die »Teamleitung« Briefe an die Eltern mit der Information, dass ihre Kinder zum bevorstehenden Mutter- bzw. Vatertag ab sofort keine Geschenke mehr basteln werden.

Die Begründung: »In der heutigen Zeit, in der die Diversität einen immer höheren Stellenwert erhält, möchten wir diese vorleben und keinen Menschen ausschließen.«

Deshalb wolle man dieses Jahr auf stereotype Geschenke wie »Blumen für die Mutter oder Werkzeug für den Vater« verzichten. Zum soziologisch-gesellschaftspolitischen Hintergrund hieß es: »Die Konstellation Mutter-Vater-Kind« sei »nicht mehr die Norm in heutigen Familien«. Deshalb bestehe die Gefahr, dass ein Vatertagsgeschenk ohne real existierenden anwesenden Vater in der Familie nicht nur »ohne Wert« sei, sondern auch die »Identität eines Kindes infrage stellen«, also psychische Verletzungen hervorrufen könnte.

Wie in Germanistan üblich empörten sich betroffene Eltern, Politiker und Journalisten über die neue Super-Wokeness der katholischen Kirche, während das versammelte linksgrüne Spektrum einen »rechten Kulturkampf« und böswillige Verunglimpfung durch eine »rechtspopulistische Empörungsbubble« am Werke sah.

Dabei wäre das Schreiben der Kita-Teamleitung, das nach wenigen Tagen auf Geheiß des Bistums Fulda offiziell zurückgezogen wurde, zumindest eine soziologische Seminararbeit, wenn nicht gar eine Dissertation wert. Als gebürtiger Hesse erlaube ich mir wenigstens einige Anmerkungen. Zunächst ein paar Fragen: Von wem genau »erhält Diversität einen immer höheren Stellenwert« im Landkreis Marburg-Biedenkopf? Wer macht so was?

Selbst wenn der Verantwortliche ausfindig gemacht werden könnte: Warum muss man »Diversität« auch noch »vorleben«? Und wie schafft man das? Reicht »leben« nicht, nach bestem Wissen und Gewissen? Und warum besteht die Gefahr, Menschen »auszuschließen«, wenn man »Diversität« nicht selbst »vorlebt«? Wie geht das eigentlich: Diversität ganz persönlich vorleben, wenn man nur man selbst ist? Ist alltägliche, ganz normale Toleranz, leben und leben lassen, nicht genug?

Nun zum Stereotyp namens »Stereotyp«: Was ist an einem Blumenstrauß für die Mutter »stereotyp«? Ich erinnere mich, ganz im Gegenteil, noch gut daran, dass sich unsere Mutter immer sehr gefreut hat, wenn wir ihr endlich mal wieder Blumen geschenkt haben. Mein Vater, der uncharmante *Seggl*, hat ihr nie welche mitgebracht. Ihm wiederum haben wir nie irgendein Werkzeug geschenkt, weil sein Arbeitsraum vollgestopft war mit Hämmern, Schraubenziehern, Handsägen, Zangen aller Größen.

Kurz: Das einzig Stereotype am Stereotyp ist die stereotype Rede vom Stereotyp.

Wer die sanft-hügelige, ziemlich grüne oberhessische Landschaft mit ihren vielen kleinen Fachwerkdörfern ein bisschen kennt, kann auch im Jahr 2023 nicht glauben, dass Familien mit der klassischen »Konstellation Vater-Mutter-Kind« (also Babba, Mama, Bub un Mädsche) nicht mehr »die Norm«, also die klare Mehrheit repräsentieren sollen. Wir hätten tatsächlich etwas verpasst, wenn zwischen Schweinsberg, Rauischholzhausen, Rüdigheim und Nieder-Ofleiden unterdessen LGBTQIA2s-People, also Non-binäre, Transgender, Transsexuelle und Asexuelle in der Mehrheit wären und ihre wie immer zustande gekommenen Sprösslinge ausgerechnet in eine katholische Kita schicken würden.

Was man aber gar nicht versteht: Warum sollte es nicht möglich sein, dass das adoptierte Kind schwuler Eheleute ein ebenso schönes Geschenk für seine Eltern bastelt wie die Tochter einer alleinerziehenden Mutter oder der kleine Sohn eines lesbischen Paares?

Gelebte Diversität eben.

Das wahre Drama des oberhessischen Sturms im Wasserglas besteht darin, dass die Absender des Briefs an die Eltern selbst nicht verstehen, wovon sie reden. Genauso wie in vielen vergleichbaren Fällen, wenn die Standardvokabeln des vermeintlichen gesellschaftlichen Fortschritts zu gedankenlosen Leerformeln mutieren, geht es um puren Opportunismus: Man zeigt sich vorauseilend gehorsam und bis zur Selbstaufgabe anpassungsbereit.

Spargel – Gemüse der sozialen Ungleichheit

MDR aktuell, der Info-Kanal des Mitteldeutschen Rundfunks, der Sachsen, Sachsen-Anhalt und Thüringen bespielt, meldet: »Der weiße deutsche Spargel ist bedroht.« Es gebe Hinweise, »dass der deutsche Spargel-Kult wie seine Fans überaltert«, der Pro-Kopf-Konsum von Spargel in Deutschland sei »nach guten Jahren zuletzt wieder gesunken«. Es erscheine unsicher, »ob die hiesige Spargeltradition die nächsten Jahrzehnte überlebt«. Ältere Menschen hielten Spargel die Treue, den jüngeren wäre »das Bohei um den weißen Spargel« zu aufwendig – »selber schälen, liebevoll zubereiten und den Verzehr zelebrieren«. Sie bevorzugten »All-in-one-Essen aus einem Topf oder einer Schüssel«, es sollte »easy to eat« sein, »auch ohne viel Besteck«, Speisen, »die sie mit einem Löffel essen können« und möglichst auch mit nur einer Hand, damit die andere »mit dem Handy« spielen kann. Außerdem sei der Ruf des Spargels angeschlagen, er gelte als »Luxusgemüse« und »Gemüse der sozialen Ungleichheit«.

Nun bin ich kein Spargelfan und habe den alljährlichen Hype um dieses geschmackfreie faserige Gemüse, das einem zwischen den Zähnen hängen bleibt, nie verstanden. Dass es in einer grauenhaften Sauce Hollandaise ertränkt werden muss, damit es überhaupt nach etwas schmeckt, verschlimmbessert nur den angeblichen Genuss beim Verzehr. Gäbe es keinen Spargel, würde mir nichts fehlen.

Andererseits finde ich es schade, wenn alte Traditionen verschwinden. Das Tischgebet vor dem Essen, die Hochzeitsnacht nach der Eheschließung und die Nassrasur am frühen Morgen. Deswegen muss der Spargel vor dem Aussterben gerettet werden. Der Spargel gehört zu Deutschland. Ein Deutschland ohne Spargel wäre wie Holland ohne Lakritze. Ich schlage Folgendes vor:

Spargel wird zur Chefsache erklärt. Der Landwirtschaftsminister lädt zu einem Spargelgipfel ein. Der Bundeskanzler ernennt einen Spargelbeauftragten. Der Präsident des Deutschen Bauernverbandes schlägt die Einführung eines bundesweiten Spargeltages vor, immer am ersten Samstag nach Ostern. Die Lufthansa ersetzt den Kranich in ihrem Firmenlogo durch ein Bündel Spargel. Die Deutsche Gesellschaft für Philosophie e.V. veröffentlicht eine Anthologie über das Thema »Der Spargel als Wille und Vorstellung«. Der Augsburger Automatenhersteller Kuka bringt einen Roboter auf den Markt, der Spargel ernten, sortieren und verpacken kann.

Damit wäre der Spargel – vor allem der weiße deutsche Spargel – gerettet und auch das Problem der Beschäftigung migrantischer Arbeitskräfte bei der Spargelernte gelöst.

Wir atmen tief durch und gönnen uns zur Feier des Tages einen Joint aus regionalem Anbau.

Auch beim Humor ist der Wurm drin

Der Legende nach hat der Deutsche keinen Humor, und wenn man sich derzeit im Lande umschaut, scheint sich der Befund zu bestätigen. Akute Anfälle von Irrsinn sind kein Ersatz. Aber natürlich stimmt sie nicht. Gewiss, die italienische Lebensleichtigkeit geht uns ebenso ab wie das französische Savoir-vivre und der englische Humor, den man auch als Handfeuerwaffe im alltäglichen Existenzkampf einsetzen kann, und doch haben großartige Komiker und Kabarettisten wie Karl Valentin, Liesl Karlstadt, Werner Finck, Heinz Erhardt, Wolfgang Neuss, Lore Lorentz, Barbara Noack, Hanns Dieter Hüsch, Gerhard Polt, Otto Waalkes, Didi Hallervorden, Hape Kerkeling, Olli Dittrich und viele andere eine Tradition begründet, die den Humorstandort Deutschland in den Neunzigerjahren beinah auf Weltniveau gehievt hat.

Das ist nun schon eine Weile her. Inzwischen regiert eine neue Empörungsindustrie die Öffentlichkeit, die auf jedes »falsche« Wort so sensibel reagiert wie die Erdbebenmessstation in Potsdam auf die geringsten seismologischen Ausschläge noch in 10 000 Kilometern Entfernung. Die Älteren erinnern sich womöglich noch an Harald Schmidts »Nazometer«, der schon bei dem Wort »Autobahnausfahrt Lüdenscheid Nord« heftig reagierte.

Selbst diesen Gimmick fänden heute viele gar nicht mehr lustig, und klar: Die *Harald Schmidt Show* der Neunzigerjahre mit den »dicken Kindern von Landau«, »Fahrer Üzgür« und der Serie »Was der Großvater noch wusste« wäre heute undenkbar. Die Liste der Betroffenen und Beleidigten wäre so lang wie der Stau am Kamener

Kreuz, und die Intendanten kämen vor lauter Entschuldigungs-bekenntnissen gar nicht mehr zu ihrer eigentlichen Arbeit – der Neuordnung der milliardenschweren Renten- und Ruhebezüge der öffentlich-rechtlichen Mitarbeiter.

Als historisches Beispiel für das, was heute nicht mehr durch-gehen würde, mag Heinz Erhardts Gedicht »Die Made« dienen, das im Jahre 1963 in seinem ersten Band namens *Noch'n Gedicht«* er-schien und beim mündlichen Vortrag im Saal wahre Lachsalven auslöste.

Hinter eines Baumes Rinde,
sitzt die Made mit dem Kinde.
Sie ist Witwe, denn der Gatte,
den sie hatte, fiel vom Blatte.
Diente so auf diese Weise
einer Ameise als Speise.

Eines Tages sprach die Made:
»Liebes Kind, ich sehe gerade,
drüben gibt es frischen Kohl,
den ich hol. So leb denn wohl!«
»Aber halt«, sprach die Mama,
»geh nicht aus, denk an Papa!«

Also sprach sie und entwich.
Made junior aber schlich
aus dem Haus das war schlecht!
Denn schon kam ein Specht
und er fraß die arme, fade
Made ohne Gnade. Schade!

Jan Böhmermann, ZDF-Reichsverweser der neuen deutschen Lach-kultur, der Blockwart der »Netzgemeinde« und führender Ab-schnittsbevollmächtigter der einzig erlaubten Denkungsart, hätte schon echte Probleme damit, dass die alleinerziehende Made offenbar ohne jede Hilfe der Solidargemeinschaft ihr Kind großziehen muss, und das noch im Dunkeln, hinter eines Baumes Rinde! Menschenverachtend! Darüber hinaus wird sie als Witwe stigmatisiert, nur weil der Gatte, schlimmer noch: der *Papa*, Teil des geschlechterstereotypen Familienbildes, vom Baum gefallen war.

Dass Made junior ausgerechnet während der achtsamen Suche nach veganer Nahrung durch die Mutter zum Opfer eines völlig unsensiblen Angriffs auf seine körperliche Integrität wird, zeigt den ganzen Zynismus dieses archaischen Bildes vom darwinistischen Daseinskampf »Fressen und gefressen werden«.

Kurz: Das ist schlimmster Rechtspopulismus, einfach nur madenverachtend!

Es ist offenkundig: Der Zeitgeist verlangt wieder klare Bekenntnisse und unverrückbare Positionen. Wie 1967, als der legendäre »Oktoberklub« zur Gitarre in der DDR sang:

»Sag mir, wo du stehst
Sag mir, wo du stehst
Sag mir, wo du stehst
Und welchen Weg du gehst!

Sag mir, wo du stehst
Sag mir, wo du stehst
Sag mir, wo du stehst
Und welchen Weg du gehst!«

Wer braucht da noch Humor?

Das Germanistan-Paradox

Als auch in der zweiten Runde der Präsidentenwahl in der Türkei im Mai dieses Jahres eine Mehrheit der hier lebenden wahlberechtigten Deutschtürken dem Diktator Erdogan ihre Stimme gaben – in Metropolen wie Stuttgart und Essen waren es über 70 Prozent derer, die in die Wahllokale der Konsulate strömten –, wurde das in der Öffentlichkeit fast schon als Normalität der bunten Einwanderungsgesellschaft abgehakt. War immer so, bleibt so.

Das ändert sich auch nicht mithilfe Hunderter Integrationsbeauftragter, staatlich finanzierter Demokratieförderinitiativen und Antifa-Gruppen, die nach den Rechten sehen. Die Affinität zu Erdogan scheint eine liebenswerte Marotte unserer türkischen Mitbürger zu sein, Teil der Multikulti-Folklore wie Döner und Köfte. »Als Nicht-Betroffener ist es leicht, sich über die Erdogan-Wähler und ihre Motive zu erheben. Man sollte diesem Versuch widerstehen«, mahnte der *Spiegel,* der nicht immer so verständnisvoll auf »rechte Tendenzen« in der Gesellschaft reagiert.

Im ZDF-*Morgenmagazin* sprach immerhin ein Betroffener. Murat, geschätzt 30 Jahre alt, sagte in einer natürlich nur von Männern besuchten Teestube in Duisburg-Marxloh: »Erdogan muss gewinnen, Inschallah, das ist gut für die Türkei und die ganze islamische Welt!« Andere Betroffene veranstalteten in Dortmund, Essen und anderswo Autokorsos mit türkischen Fahnen. Einige zeigten dabei den Gruß der rechtsextremen »Grauen Wölfe«.

Neu war die Begründung für dieses erklärungsbedürftige Verhalten: Die Deutschen sind schuld, jedenfalls die, die die Türken im

Land schlecht behandeln! Wie viele das sein sollen, weiß niemand, aber die These ist in der Welt. Auch Cem Özdemir, grüner Bundeslandwirtschaftsminister, hängt ihr an.

Soziologische Studien darüber liegen nicht vor, aber man kann vermuten, dass die Kausalkette ungefähr so geht: Zwar leben fast drei Millionen türkischstämmige Menschen über Jahrzehnte in der Bundesrepublik, viele davon mit doppelter Staatsbürgerschaft, aber sie fühlen sich nicht richtig akzeptiert und integriert. Deshalb, womöglich aus Trotz oder aus einer besonderen Form stolzer Heimatverbundenheit, wählen sie den starken Mann am Bosporus, der seine politischen Gegner ins Gefängnis wirft, die freie Presse so gut wie abgeschafft hat, die Wirtschaft ruiniert und die Kurden bombardiert.

Angesichts der Entscheidung »zwischen dem Wiederaufbau einer zerfledderten säkularen Republik auf der einen Seite und einer Mischung aus Gangstertum, Islamfaschismus und extremem Nationalismus auf der anderen« votierten die Deutschtürken für Letzteres – so formulierte es der Journalist Deniz Yücel, den Erdogan 2017 fast ein Jahr lang grundlos und ohne Anklage in Untersuchungshaft nehmen ließ. Sein türkischer (Doppel-)Pass war ihm zum Verhängnis geworden.

Der Berliner Soziologe Dr. Özgür Özvatan, Dozent an der Berliner Humboldt-Universität für »Integrations-, Extremismus-, Umwelt- und Demokratieforschung«, erklärt derweil die »Deutschen« für schuldig, auch wenn unter ihnen bald ein Drittel einen »Migrationshintergrund« hat. Die Türken wählten Erdogan »als Antwort auf den anti-muslimischen Rassismus in Deutschland«, resümierte der Integrations-, Extremismus-, Umwelt- und Demokratie-Fachmann in der *Berliner Zeitung*.

Wir haben zwar keine Ahnung, wo, wie und warum sich dieses Phänomen derart flächendeckend und wirkmächtig ausgebreitet hat, aber wir versuchen zu verstehen: Die logische Antwort auf – womöglich auch ressentimentgeladene – Kritik am Islam, die mit Rassismus allerdings nichts zu tun haben kann, weil der Islam keine Rasse, sondern eine Religion ist, besteht also in der absichtlichen

Stärkung des Islamismus? Nebenbei: Die Phrase vom »antimuslimischen Rassismus« stammt wie der Begriff »Islamophobie« aus dem Waffenarsenal der radikalen Islamisten, denen Toleranz und kulturelle Vielfalt so fremd sind wie die Gaudi auf dem Münchner Oktoberfest.

Aber wir hätten da noch ein paar Fragen: Warum entscheiden sich die Deutschtürken nicht für die demokratische Opposition in der Türkei, die nicht weniger patriotisch ist als die Erdogan-Clique? Und warum steigt die Zahl türkischer Asylbewerber in Deutschland seit Monaten stark an? Wann wäre das Gefühl der Erdogan-Wähler, in Deutschland akzeptiert zu werden, eigentlich stark genug, um sich einmal für eine demokratische Alternative zu entscheiden? Und woran misst man das? Wenn allerdings die Antidiskriminierungsstelle des Bundes unter Leitung der Rassekundlerin und »Kartoffel«-Expertin Ferda Ataman die Aufgabe übernehmen sollte, könnte Erdogans Amtszeit theoretisch bis ins nächste Jahrhundert reichen. Die einfache Wahrheit aber ist: Sie wählen Erdogan, weil sie ihn als Präsidenten »ihrer« Türkei wollen.

Hier drängt sich das Phänomen auf, das man Germanistan-Paradox nennen könnte. Es trägt Züge von Schizophrenie. Deutschland ist seit vielen Jahren Zufluchtsort für Millionen Einwanderer und Flüchtlinge, die Freiheit und Sicherheit suchen, aber auch Wohlstand und eine Lebensperspektive, die es in ihren Heimatländern für sie nicht zu geben scheint. Gleichzeitig werden linksgrüne Aktivisten, allen voran Antifa- und Flüchtlingsinitiativen, nicht müde, den »strukturellen Rassismus« in Deutschland anzuprangern und Polizei wie Justiz und andere »reaktionäre Kräfte« als willige Vollstrecker einer »Abschreckungs- und Abschottungspolitik« zu attackieren, während de facto immer mehr »Schutzsuchende« in den längst überforderten Städten und Gemeinden untergebracht werden müssen.

Schon rätselhaft, dass nach dem Motto »Keine Obergrenzen!« immer mehr Flüchtlinge in jenes Land kommen sollen, das bis zur Halskrause voller Rechtspopulisten und Nazis, Rassisten und Sexisten steckt.

So ergibt sich das Bild einer Republik, die ständig vor sich selbst warnen muss. Und Erdogan weiß, wie man die Deutschen an ihrer schwachen Stelle packt. Wiederholt zeigte er sich alarmiert von den deutschen »Nazi-Praktiken«: »Was geschieht, ist Nazismus. Was geschieht, ist Faschismus«, sagte er im September 2017. Da zucken alle zusammen und fühlen sich irgendwie schuldig, auch wenn diese Unverschämtheiten von einem skrupellosen Islamfaschisten kommen.

Und so geschieht es, dass die Kritik am Wahlverhalten der Deutschtürken stets sehr zurückhaltend ausfällt. Man will schließlich kein Rassist sein – erst recht nicht nach der Mordserie des »NSU« und dem Amoklauf in Hanau –, der die sowieso schon diskriminierte Minderheit »von oben herab« behandelt.

Das macht man dann lieber mit jener wachsenden ostdeutschen Minderheit, die AfD wählt, Putin verteidigt und sich nach einem starken Mann sehnt.

Vielleicht genau so einen wie Erdogan.

Der Wahnsinn frisst seine Kinder

Über die Siebzigerjahre des vergangenen Jahrhunderts kann man viel Schlechtes sagen: Schlaghosen, Ölkrise, Olympia-Massaker in München, RAF-Terror, lila Latzhosen, James Last, Abba und Erich Honecker als SED-Generalsekretär – aber es wurde nach Leibeskräften gestritten und diskutiert, ja auch geschrien, protestiert, demonstriert und aggressiv ideologischer Unsinn verbreitet. Aber es war was los.

Ich erinnere mich noch, wie jeden Samstagvormittag auf der Frankfurter Zeil nahe der Hauptwache ohne Verabredung Dutzende von Leuten zusammenstanden und erregt aufeinander einredeten. Keine Ahnung, ob irgendjemand von Argumenten seines Kontrahenten überzeugt wurde, aber es war trotzdem ein Gespräch auf Augenhöhe, wie das heute heißt. Den Begriff »interkulturelle Sensibilität« kannte man damals noch nicht. Jeder, egal, ob er aus Bornheim, Bockenheim, Sachsenhausen oder Kalbach kam, konnte mitmachen, sich womöglich totärgern und dann unter lautstarken Flüchen und Verwünschungen in die Kleinmarkthalle traben, um Gref Völsings Rindswürste und eingelegtes Sauerkraut zu besorgen. Der kathartische Effekt auf Körper, Geist und Seele stellte sich schon Stunden später ein.

Ganz anders heute. Da muss stets erst einmal geklärt werden, wer da eigentlich mit wem und warum auf welchem kulturellen Hintergrund spricht, sprechen darf oder erst gar nicht sollte. Der Trend geht ganz klar zum »Lieber nicht, bleibt zu Hause!«. Und er macht Schule.

Im Rahmen eines Festivals für transkulturelles Kino sollte im Freiburger Filmforum eine Diskussion über »Hexenverfolgung in Subsahara-Afrika« stattfinden. Gewiss eher ein Randthema, aber in einigen afrikanischen Ländern, in Ostindien und Papua-Neuguinea werden tatsächlich noch heute Menschen als Hexen verfolgt und getötet. Als Diskutanten waren der Ethnologe Felix Riedel, der *NZZ*-Journalist David Signer und der nigerianische Menschenrechtsaktivist Leo Igwe eingeladen.

Dann aber wurde die Veranstaltung kurzfristig abgesagt. Die Begründung: Das Thema Hexerei und Afrika berge bei Teilen des Publikums die Gefahr einer »Verallgemeinerung«, der Evozierung »rassistischer oder kolonialistische Stereotype«. Man habe »ein Grundgefühl«, so die Veranstalter, dass das Konzept »nicht sensibel genug« sei.

Eine Debatte über Menschenrechtsverletzungen in Afrika, bei dem auch weiße Männer zu Wort kommen, ist anno 2023 also ein unkalkulierbares Wagnis geworden, letztlich ein No-Go. Mit dem Nigerianer Leo Igwe hätte man zwar einen schwarzen »Zeitzeugen« und »kompetenten Gegenpart« aufgeboten, aber eben keinen Vertreter des »jeweiligen kulturellen Hintergrunds« – etwa eine als Hexe verfolgte afrikanische Frau oder einen veritablen Hexenjäger.

Man versteht nicht ganz, ob und wie die Anwesenheit einer schwarzen, als »Hexe« verfolgten afrikanischen Frau die Gefahr verringert hätte, dass im Publikum »rassistische Stereotype« wachgerufen worden wären. Man versteht auch nicht, was das an der Tatsache geändert hätte, dass sich zwei weiße Männer zum Thema äußern sollten. Man fragt sich auch, wie das im umgekehrten Falle wäre: Dürften schwarze afrikanische Männer, Fachleute auf ihrem Gebiet, über die wiederaufgeflammte Hexenverfolgung im postmittelalterlichen Reichsbürgermilieu am Ostrand des Harzes und in Teilen des Sauerlands diskutieren, womöglich in Abwesenheit des betroffenen kulturellen Hintergrunds, etwa einer non-binären Trans-Person aus dem grünen Wärmepumpenmilieu, die in rechten Verschwörungskreisen als schiere Verkörperung des Teufels angesehen wird?

197

Oder würde diese Veranstaltung auch wegen mangelnder Sensibilität und der berechtigten Befürchtung abgesagt werden, dass das Publikum nicht die sittliche Reife besitzt, sich vor Verallgemeinerungen jedweder Art zu hüten und sich aller gedanklichen Stereotype schon im Ansatz zu enthalten?

Bereits beim Formulieren solcher Fragen stellt sich eine gewisse geistige Erschöpfung ein, die wohl auch die Freiburger Freunde des transkulturellen Films ergriffen hat, als sie die Angst vor der eigenen Courage packte und sie auf die geniale Lösung kamen, die bis heute ein wirksames Mittel gegen jede intellektuelle Irritation, unangenehme Fragen und unpassende Antworten ist: einfach gar nicht reden, Ende der Debatte, Ruhe im Karton. Schweigen im Walde.

So endet das, was als lautstarker Einspruch gegen Ungerechtigkeiten des vermeintlich herrschenden Diskurses begonnen hat, mit der Abschaffung des Diskurses.

Auch eine Konsequenz.

Frau Lemke: Über diese Schwelle müssen wir

Im Beiprogramm zu den Aktionen der »Letzten Generation« wurde immer wieder gefragt, ob der Zweck die Mittel heiligt, ob man den »Klimaklebern« zugutehalten könnte, dass sie es im Prinzip »gut meinen« und nur bei der Umsetzung ihrer Agenda ein wenig über das Ziel hinausschießen. Dabei wurde auch auf die »Gefahr« hingewiesen, dass die Sitzblockaden der »Sache an sich« schaden könnten. Autofahrer, die Stunden im Stau verbringen müssten, würden keine Sympathien für die Verursacher der Staus entwickeln.

Nun ist die Frage, ob der Zweck die Mittel heiligt, so alt wie die, was zuerst da war, das Ei oder die Henne. Man kann sie auch kaum generell beantworten. Ist es juristisch und moralisch vertretbar, ein entführtes Passagierflugzeug abzuschießen, bevor die Entführer es über einer Großstadt zum Absturz bringen? Darf man 100 Menschen opfern, um eine Million zu retten?

Unwiderlegbar klar ist nur eines: Alle autoritären und totalitären Regimes basieren darauf, dass im Kampf für eine bessere Welt Härten und Ungerechtigkeiten in Kauf genommen werden müssen. Stalin soll mal gesagt haben: »Wer ein Omelett machen will, muss ein paar Eier zerschlagen.«

Jede politische Bewegung, die sich dieses Prinzip zu eigen macht, endet in einem Meer aus Blut und Tränen. Dabei wollten doch alle nur Gutes bewirken. Stalin und Hitler, Mao und Pol Pot, Che Guevara und Ayatollah Chomeini. Auch die RAF meinte es gut, ihre Opfer waren eben die Späne, die beim Hobeln so anfallen.

199

Wer heute noch glaubt, der Zweck rechtfertige alle Mittel, der hat sowohl das Dritte Reich als auch die DDR verschlafen. Wie oft kann man seine Unschuld verlieren? Offenbar mehr als einmal. Allein, dass die Frage nach dem Verhältnis der eingesetzten Mittel zum Zweck der Tat noch immer gestellt wird, macht deutlich, dass sie nicht vom Tisch ist. Die Bolschewiki wollten die Welt vom Kapitalismus befreien, die Nazis von den Juden und die chinesischen Rotgardisten von allem, was sie als »bürgerlich« empfanden. Die Agenda der »Letzten Generation« ist nicht ganz so ambitioniert. Mithilfe des 9-Euro-Tickets und eines Tempolimits auf den Autobahnen soll »unser Planet« vor dem Untergang gerettet werden. Dafür kleben sie sich am Asphalt fest, besudeln Kunstwerke und drohen mit Selbstmord, wenn man sie nicht ernst nimmt. Und kommen damit ziemlich weit. Verkehrsminister Wissing hat drei Vertreter der Letzten Generation zu einem zweistündigen Gedanken- und Meinungsaustausch empfangen, den er hinterher als »konstruktiv« bezeichnete. Wie geht es weiter? Wird der Finanzminister demnächst drei Steuerhinterzieher empfangen, um mit ihnen die Möglichkeiten einer Zusammenarbeit auszuloten?

Ich halte das für möglich bis wahrscheinlich, nach den Erfahrungen der Corona-Jahre traue ich Politikern alles zu, buchstäblich alles. Karl Lauterbach ist nicht der Einzige, der in einem selbst geschaffenen Paralleluniversum lebt, in dem die Sonne im Westen auf- und im Osten untergeht, die Uhren rückwärtslaufen, die Flüsse bergauf fließen und hysterisierte Kinder dem Ende der Welt entgegenfiebern.

Da ist auch noch Steffi Lemke, eine Grüne, die ihre Ernennung zur Bundesumweltministerin demselben Geheimcode verdankt, der schon Christine Lambrecht in das Verteidigungsministerium gespült hat. Im Unterschied zu Frau Lambrecht allerdings praktiziert Frau Lemke eine bemerkenswerte Zurückhaltung – was die Anzahl ihrer öffentlichen Auftritte wie auch die gleichbleibende Tonalität angeht. Stets zwischen 40 bis 50 Dezibel, ohne Ausschläge nach oben oder unten, als habe sie ihre CO_2-Quote beinah aufgebraucht.

In einem Interview mit der *Bild am Sonntag* erklärte sie auf die

Frage nach den Folgen des geplanten Gebäudeenergiegesetzes, niemand werde »gezwungen, seine Heizung jetzt rauszureißen«. Der Staat werde den Austausch der Heizungen »großzügig unterstützen«. Und: »Mit dem Ausbau von Wind und Solar« werde »der Strom günstiger«.

Warum der Strom nicht günstiger, sondern immer teurer wurde, obwohl der Ausbau von Wind und Solar in den letzten Jahren ordentlich vorangekommen ist, diese Frage ließ Steffi Lemke nur deswegen unbeantwortet, weil sie nicht gestellt wurde. Die geringe Begeisterung der Bürger, zugunsten des Klimaschutzes auf klimafreundliche Heizsysteme umzusteigen, erklärte sie mit dem ersten Newtonschen Gesetz, wonach »ein Körper seinen Bewegungszustand beibehält, solange keine Kraft auf ihn wirkt oder aber die Summe der Kräfte sich aufhebt«. Diese Erkenntnis von Isaac Newton übersetzte Steffi Lemke in die leichte Sprache der Umweltschützer: »Wir sind gerade in einer Phase, wo wir das Alte verlassen müssen, aber das Neue noch längst nicht alle überzeugt. Über diese Schwelle müssen wir.« – Was müssen wir? Gehen, stolpern, stürzen? Oder mit Mara Kayser singen: »Immer, wenn du denkst, es geht nicht mehr, kommt von irgendwo ein kleines Lichtlein her …«

Seit die Grünen mitregieren, habe ich meine Ansprüche an Logik, Wortwahl und Syntax erheblich gesenkt. Ich bin bereit, über meinen Schatten zu springen, wenn es denn dem Frieden und der Völkerfreundschaft dient. Aber irgendwo muss Schluss sein. Spätestens, wenn eine grüne Ministerin angesichts der Vetternwirtschaft im Ministerium ihres Parteifreundes Habeck sich tatsächlich dazu versteigt, die gerade aufkeimende Diskussion über den Fall bastamäßig für beendet zu erklären: »Dazu hat Robert Habeck alles gesagt. Der Fehler wurde korrigiert, der Geschäftsführerposten bei der Deutschen Energie-Agentur wird neu besetzt.« Wohl wissend, dass die Besetzung des Geschäftsführerpostens bei der DENA nur ein Teilchen in einem größeren Puzzle der Gefälligkeiten war, der sprichwörtliche Stein, der eine Lawine ins Rollen brachte.

So eine Manifestation der Heuchelei und der Wählerverachtung würde die Grünen zur Raserei treiben, wenn sie bei der CDU oder

der FDP ans Tageslicht käme. Sie würden alle Register ziehen und alle Glocken läuten, damit die Geschichte lückenlos aufgeklärt wird. Es würde einen Parlamentarischen Untersuchungsausschuss geben und vielleicht auch einen oder mehrere Rücktritte. Aber wenn sie es sind, die am Ende des langen Marsches durch die Institutionen auf der Zielgeraden ankommen, dann weht ein anderer Wind durch die Arena. Und einmal mehr heiligt der Zweck die Mittel.

Horror silentii oder Der Lärm der bunten Republik

»Schläft ein Lied in allen Dingen,
Die da träumen fort und fort,
Und die Welt hebt an zu singen,
Triffst du nur das Zauberwort.«

Wer sich noch an die deutsche Spätromantik erinnert, kennt das emblematische Gedicht aus dem Jahre 1835 von Joseph von Eichendorff. Zwei Jahrhunderte später ist aus dem Zauberwort, dem Tor zu einer anderen, schwebend leichten Welt der wahren Empfindung, ein Chor aus Presslufthämmern geworden. »Duffduffduffduff, Bummbummbumm, Toktoktoktok« wummert es mit Bässen aus Megaboxen durch die Straßen der Republik. Vor allem in den Sommermonaten, wenn man bei offener Balkontür am Schreibtisch sitzt, erreicht der Lärmpegel einiger Schallemittenten Disco-kompatible Dezibelhöhen noch im letzten Winkel des Arbeitszimmers.

Oft sind es gar nicht die großen schwarzen SUV-Geschosse und Offroader, sondern die kleinsten Nuckelpinnen, grottenhässliche Flink- und Flitz-Kleinwagen to go, aus denen ein Technosound in den dritten Stock hämmert, dass selbst die frechsten Spatzen Reißaus nehmen, bevor sie womöglich vom Baum fallen könnten.

Dass selbst beim minutenlangen Rückwärtseinparken, das ja einige Konzentration erfordert, ein dunkel dröhnendes Duffduffduff in voller Lautstärke weitergeht, erstaunt nicht nur lärmempfindliche Mitbürger. Wenn dann plötzlich himmlische Ruhe eintritt, der Schmerz nachlässt und der Fahrer aussteigt, zeigt sich häufig ein kleines, dickbäuchiges Männlein, dessen mickrige Physiognomie in diametralem Gegensatz zur Wucht seiner akustischen Vernichtungswaffe steht. Es sind eben nicht nur arabische Migrantenjungs, die im teuren Leihwagen über Kurfürstendamm und Tauentzien brettern und eine riesige Hip-Hop-Klangwolke hinter sich herziehen – es ist auch der kleine biodeutsche Spießer von nebenan, der die »Hifonics Zeus/Titan 16,5«-Lautsprecheranlage mit »Compo Speaker« bei seinen Lieblingssongs von Helene Fischer mal richtig atemlos durch die Nacht heizen lässt.

»Über allen Gipfeln ist Ruh' / In allen Wipfeln spürest Du kaum einen Hauch« – von wegen!

Goethe, den bei der grassierenden Leseschwäche sowieso kaum noch jemand kennt – eine Prise reaktionäres Bildungslamento muss auch mal sein –, war gestern. Heute ist Dauerbeschallung rund um die Uhr. Wer Erholung im Park sucht, sieht sich zwar nicht mehr mit dem Gettoblaster aus den Siebzigern konfrontiert, dafür jedoch mit kleinen fiesen Bluetooth-Röllchen, die von ferne großen Landwürsten oder Runkelrüben aus der Wetterau gleichen, aber eine Lautstärke entwickeln können, mit denen man auch Matrosen im komatösen Tiefschlaf aus der Koje sekundenschnell an Deck treiben kann.

Die Mobilität dieser Teufelsdinger, die in fast jede Damenhandtasche passen, macht sie noch gefährlicher. Man ist nirgends sicher vor ihnen, jedes Kind kann sie in eine Lärmbombe verwandeln.

Wer ins Wirtshaus flüchtet, entgeht dem Duffduffduff meist ebenso wenig. Selbst teure Speiselokale kommen inzwischen ohne die Allgegenwart von Klangteppichen und basslastigen Beats nicht aus – anders etwa als klassische Wiener Kaffeehäuser, in denen jedes Gedudel und Geschrammel verpönt ist. Ob in Supermärkten, Shoppingmalls oder beim Zahnarzt – Ruhe ist schon lange nicht mehr »erste Bürgerpflicht«.

An Freitag- und Samstagabenden rückt die Polizei in den Großstädten hundertfach aus, um aus dem Ruder gelaufenes Partyvolk zur Ordnung zu rufen. Inzwischen hat sich, womöglich auch eine Folge des Klimawandels, eine Outdoor-Event- und Feierszene entwickelt, die mit Vorliebe an den schönsten und romantischsten (sic!) Orten altdeutscher Städte wie Regensburg, Bamberg und Heidelberg Tausende junge Menschen anlockt, die vor der historischen Bilderbuchkulisse von Schlössern, Kathedralen und anderen Prunkbauten aus der glorreichen Vergangenheit die Nacht zum Tage macht und derart exzessive Saufgelage veranstaltet, dass manche Anwohner sich schon entschieden haben, die Wochenenden jeweils woanders zu verbringen.

Die städtischen Ordnungskräfte scheinen machtlos gegen die regelmäßige Invasion der Party-Bataillone, die sicher auch Teil jener neuen Work-Life-Balance sind, die sich geistig und emotional schon auf die Null-Tage-Woche einstellt. Doch es stehen auch handfeste ökonomische Interessen einem harten Durchgreifen entgegen, weil der massenhafte Alkoholkonsum Umsatz und Steuereinnahmen auf das Erfreulichste belebt und dazu führt, dass einst als langweilig geltende Provinzstädte nun auch eine vermeintlich coole Szene haben.

Zu ihr gehören nicht zuletzt die vagabundierenden Straßenmusikanten, die an lauen Abenden mit ihren jeweils drei für die Ewigkeit einstudierten Liedern vokal, instrumental und verstärkermäßig digital die Gäste von Restaurants und Kneipen, aber auch die liebe Nachbarschaft rundherum in akustische Geiselhaft nehmen.

Spontane und gewaltfreie Widerstandshandlungen aus den Reihen der vorvorletzten Generation, etwa in Gestalt heruntergeworfener Wasserbomben, haben sich als nicht zielführend erwiesen, auch wenn sie durchaus einen Überraschungseffekt hervorrufen. Denn all die berufsmäßigen Krachisteros, Performance-Knallchargen und Lärm-Aficionados rechnen ja stets mit der Engelsgeduld und dem schlechten Gewissen derer, die gerade ihre Linguini con Scampi verzehren und hektisch-schuldbewusst im Portemonnaie kramen, um dem *Globalen Süden* wenigstens mal einen Euro zukommen zu lassen, obwohl sie wissen, dass etwa Uganda »schwere Homosexualität« mit der Todesstrafe belegt.

Aber das ist sie eben, unsere bunte Gesellschaft, in den unnachahmlichen Worten der stets fantastisch gut gelaunten *Ton Steine Scherben*-Bundeskultur-Claudia: »Bunt, stark, jung, stark, säkular oder religiös geprägt, migrantisch oder feministisch, schwarz, People of Color oder queer, bunt, vielfältig, stark.«

Wer braucht da schon Ruhe oder irgendwas mit Wipfeln und Hauch?

Eben.

Duffduffduffduff!

Frau Lagarde rechnet die Inflation schön

Anlässlich des 25-jährigen Bestehens der Europäischen Zentralbank gab Christine Lagarde, die Chefin der EZB, der *Tagesschau* ein Interview, in dem sie u. a. diese Sätze sagte: »Wenn ich auf die letzten 25 Jahre schaue mit all ihren Höhen und Tiefen, dann haben wir im Durchschnitt eine Inflationsrate von 2,05 Prozent geliefert, was recht bemerkenswert ist. Ich bin nicht glücklich mit der jetzigen hohen Inflation. Aber die 2,05 Prozent waren der Durchschnitt.«

Jeder VWL-Student, der so etwas in einer Zwischenprüfung von sich geben würde, müsste auf der Stelle auf »Theaterwissenschaft« oder »Naturheilkunde« umsteigen. Jeder Studierende, der auch nur kurz in das Fach »Statistik« reingerochen hat, weiß, dass die Begriffe »Durchschnitt« und »durchschnittlich« wenig bis nichts besagen. Im »Durchschnitt« sind der Chef eines Pharmakonzerns und sein Fahrer beide Millionäre. Im »Durchschnitt« war die Kriminalität im Dritten Reich niedriger als in der Bundesrepublik, weil die Staatsverbrechen gegenüber Kommunisten, Juden, Homosexuellen, Wehrkraftzersetzern, Zeugen Jehovas und Menschen aus der Kategorie »lebensunwertes Leben« nicht mitgezählt wurden. Im »Durchschnitt« kommen bei Flugzeugunfällen viel weniger Menschen ums Leben als im Straßenverkehr, es kommt immer auf die Bezugsgrößen an. Es ist eine alte Binse – man soll nur der Statistik trauen, die man selbst gefälscht hat.

Frau Lagarde, die unter mysteriösen Umständen zur Präsidentin der EZB berufen wurde, weiß vermutlich, dass sie Unsinn redet, wenn sie im Rückblick auf 25 Jahre EZB-Geschichte sagt, »wir« – sie meint die EZB – hätten »im Durchschnitt eine Inflationsrate von 2,05 Prozent geliefert«. Vielleicht wollte sie sagen: »Geliefert wie bestellt«, weil so gut wie alle Ökonomen außer Marcel Fratzscher seit Jahren angesichts der lockeren Geldpolitik der EZB vor einer Inflationswelle gewarnt hatten. Als die »Teuerungsrate« im Oktober 2021 mit 4,5 Prozent den höchsten Wert seit 28 Jahren erreicht hatte, gab Isabel Schnabel, Co-Direktorin der EZB, eine wegweisende Erklärung ab: »Wir gehen davon aus, dass im November der Höhepunkt der Inflationsentwicklung erreicht ist und dass die Inflation im kommenden Jahr wieder allmählich zurückgehen wird, und zwar in Richtung unseres Inflationsziels von zwei Prozent …« Die meisten Prognosen, so Frau Schnabel, gingen »sogar davon aus, dass die Inflation unter diese zwei Prozent fallen wird …, insofern kann man eigentlich keine Hinweise darauf sehen, dass die Inflation außer Kontrolle gerät«.

Das Einzige, was seinerzeit außer Kontrolle geraten war, waren Frau Lagarde, Frau Schnabel und der Rest der sechsköpfigen EZB-Führung, die alle ihren eigenen Märchen vertrauten, bis sie von der Wirklichkeit überholt wurden. Nachdem die Inflation in der Eurozone im April 2022 auf 7,5 Prozent angestiegen war, legte Frau Schnabel verbal den Rückwärtsgang ein. »Jetzt reicht es nicht mehr zu reden, wir müssen handeln«, wie ein Autofahrer, der nach einem Unfall den Gurt anlegt.

Im Februar 2023 hatte sie eine weitere Erkenntnis. Gegenüber der Bloomberg-Agentur warnte sie, es bestehe »das Risiko, dass sich die Inflation als hartnäckiger erweist als gegenwärtig eingepreist an den Finanzmärkten«.

Das galt so lange, bis die Chefin von Frau Schnabel, Christine Lagarde, auf die Idee kam, die durchschnittliche Inflationsrate der vergangenen 25 Jahre in der Eurozone ausrechnen zu lassen, die mit 2,05 Prozent dem von der EZB angestrebten »Inflationsziel« von 2 Prozent sehr nahekam. »Mission accomplished!« könnte man rufen und jedem, der darauf hinweist, dass Lebensmittel im Laufe eines Jahres um 20 Prozent teurer wurden, dazu verpflichten, den

Rasen vor Frau Lagardes Haus zu mähen oder einen Friseur für Frau Schnabel zu finden.

Frau Lagarde wird weiter die Inflation kleinreden, indem sie die durchschnittliche Inflation von der Schlacht im Teutoburger Wald bis zum Tag ihrer Verrentung berechnen lässt, unter besonderer Berücksichtigung einer Verurteilung im Jahre 2016 wegen allzu lockeren Umgangs mit Staatsgeldern während ihrer Amtszeit als französische Finanzministerin.

Begegnung auf Augenhöhe oder Die verlorene Generation

Es ist ein nur dialektisch zu verstehendes Kennzeichen der Ampel-Regierung, dass die Phrasen von der »bunten Republik« immer wieder wie Seifenblasen an der tatsächlich bunten Realität zerplatzen – bunt im Sinne von vielfältig, widersprüchlich, schwierig, kompliziert, manchmal auch vollkommen irre, kriminell und gemeingefährlich, eben wie das Leben selbst.

Eine der schönsten Losungen aus dem politischen Poesiealbum, die ein bisschen an die alte DDR-Parole »Vorwärts immer, rückwärts nimmer!« von Erich Honecker erinnert, heißt:

»Kein Kind wird zurückgelassen!«

Jeder weiß, dass das niemals auf Erden auch nur annähernd der Realität entsprach, aber auch die katholische Kirche gibt ja seit 2000 Jahren Heilsversprechen ab, deren Halbwertszeit schwer überprüfbar ist, vor allem wenn es um himmlische Erlösungsansprüche geht. Nicht zuletzt deshalb, weil das Fact-Checking-Team aus dem Erzengel Gabriel und der Päpstlichen Glaubenskongregation in Rom besteht.

Bei der eher weltlich orientierten Ampel vollzieht sich der Crash zwischen ewigen Kalenderweisheiten und realen Konflikten dagegen ganz im säkularen Hier und Jetzt – und in Superzeitlupe. Wer in den letzten Jahren mit offenen Augen durchs Land gelaufen und mit normalen Leuten gesprochen hat – manchmal war darunter sogar eine pensionierte Grundschuldirektorin in einem Brennpunktkiez –, der erwartete schon seit einiger Zeit einen heftigen Zusammenstoß zwischen dem legendären Merkel-Mantra »Wir schaffen das« und der katastrophalen Lage an vielen deutschen Schulen. Die Ergebnisse der aktuellen »Iglu«-Studie, der zufolge im Schnitt 25 Prozent der Viertklässler an deutschen Grundschulen nicht einmal die Mindeststandards an Deutschkenntnissen und Lesekompetenzen erfüllen, sind da nur ein Menetekel von vielen.

Jüngst verfassten acht Leiterinnen und Leiter deutscher Brennpunktschulen im Auftrag der »Wübben-Stiftung« einen Lagebericht, dessen Kern nur wenige Sätze ausmacht. Die aber haben es in sich und beschreiben in zurückhaltender Diktion das ganze Drama:

»Wenn Kinder in die erste Klasse kommen, starten sie hinsichtlich ihres schulischen Bildungsstandes bildlich gesprochen in der Regel bei ›null‹ oder darüber, viele können bereits ihren Namen schreiben, kennen die Zahlen. Wir starten mit unseren Kindern in der Grundschule oft jedoch bei ›minus fünf‹: Sprache und Sozialverhalten sind ungeübt, der Wortschatz unzureichend.

Unseren Kindern wird zu Hause mehrheitlich nie vorgelesen, die Familiensprache ist überwiegend nicht Deutsch. Wir sehen Defizite in der Motorik – sowohl die Grob- als auch insbesondere die Feinmotorik sind oft schwach ausgeprägt. Es fehlt ein Verständnis für den Zahlenraum, Farben und Formen sind unbekannt. Sehr viele können außerdem weder Fahrrad fahren noch schwimmen, sie sind nicht im Sportverein, die Ernährung ist geprägt von zu viel Fett und Zucker und die Freizeitgestaltung bewegungs- sowie anregungsarm. Der Medienkonsum ist ungesteuert.«

Dass die Schule das nicht »schaffen«, diese fundamentalen Defizite nicht kompensieren kann, liegt auf der Hand. Ebenso klar ist, dass auf diesem Wege eine neue soziale Unterklasse entsteht, die keinerlei Chancen auf sozialen Aufstieg hat – von wenigen glücklichen Ausnahmen abgesehen. Das alte sozialdemokratische Aufstiegsversprechen, das wesentlich an eine erfolgreiche Bildungsförderung geknüpft war, hat sich damit erledigt.

Während oben, in der Politik- und Medienblase, Weltoffenheit,

Migration und Integration gefeiert und als Erfolgsgeschichten verkauft werden, sammelt sich unten eine neue, weithin vergessene Verliererschicht, die nur von Bedeutung ist, wenn sie nach mehr oder weniger spektakulären Straftaten in die Schlagzeilen kommt. Dann ist das Geschrei groß. Man spricht von »alarmierenden« Zuständen, ist ehrlich »entsetzt« und kündigt an, »mehr Geld in die Hand zu nehmen« – ein weiteres Familienerbe aus dem rot-grün-gelben »Phrasenschrank« (Sascha Lehnartz). Denn man bleibt natürlich dabei, dass kein Kind zurückgelassen wird. Da geht man kein Jota von ab. Wäre ja noch schöner. Zugleich schießen immer mehr Privatschulen aus dem Boden, in die auch Politiker und Wähler der Grünen ihre Kinder schicken. Sie wissen ja, wie wichtig eine gute Bildung für die Kleinen ist.

Wer hier von Zynismus spricht, hat das Anliegen der Fortschrittskoalition der Ampel einfach nicht verstanden. Es geht um die richtigen Ziele. Der Rest wird auf dem Zeitstrahl einer verlässlichen Politik der guten Wünsche und schönen Absichten erledigt, die Kanzler Olaf Scholz stets in seiner bildhaften Sprache formuliert:

»Ich möchte nicht in einer Gesellschaft leben, in der die einen auf die anderen herabblicken. Sondern in einer Gesellschaft, in der wir die ganz unterschiedlichen Lebenswege und Lebensleistungen anerkennen und uns auf Augenhöhe begegnen können.«

Und mal ehrlich: Dazu muss ja nun niemand gut Deutsch können. Das zu verlangen wäre diskriminierend.

Vom Atomstaat
zur Windrad-Republik

Am Anfang war das Feuer. Als der Mensch es entdeckt hatte und schließlich selbst entzünden konnte, kam das erste Grillfleisch auf den Speiseplan. Das ist gut 30 000 Jahre her. Man nennt es auch das Fred-Feuerstein-und-Barney-Geröllheimer-Zeitalter. Dazu gab es Wärme, Licht, Energie, vielleicht sogar ein bisschen Lagerfeuerromantik mit Wilma. Niemand hatte damals seinen CO_2-Fußabdruck gemessen, wenn das erlegte Wildtier auf der Schulter in die Höhle zu Frau und Kindern geschleppt wurde. Der Neandertaler verschwand von der Bühne, und der Homo sapiens trat seinen Siegeszug an, der irgendwann, wahrscheinlich in der griechischen Antike, zum ersten Mal Holzkohle fabrizierte. Ein paar Hundert Jahre später wurde die erste Steinkohle abgebaut, im 17. Jahrhundert dann auch Braunkohle. Im 19. Jahrhundert folgten Erdöl und Erdgas – das Zeitalter der fossilen Energien begann, das weiten Teilen der Welt einen bis dahin unvorstellbaren Wohlstandsschub brachte.

Die Atomkraft schließlich, in den Sechzigerjahren des 20. Jahrhunderts als schier unerschöpfliche, »saubere« und CO_2-freie Energiequelle gefeiert, läutete jene energiepolitische Turbo-Moderne ein, die gleichzeitig ihre stärksten Widersacher hervorbrachte: Atomkraftgegner, Wachstumskritiker, Naturschützer und die Ökologiebewegung, am Ende die Grünen. Es dauerte nicht lange, bis das Windrad zum Wahrzeichen der neuen postfossilen, nachhaltigen Zeit wurde.

Auch wenn zur ökologischen Dreifaltigkeit noch Solarzellen und Wärmepumpen gehören, so ist doch das Windrad, von dem inzwischen annähernd 30 000 Exemplare auf See und im Land herumstehen, das weithin sichtbare Symbol der neuen Epoche, State of the Art, das Nonplusultra, die neueste Errungenschaft der Menschheit. Die Älteren erinnern sich zwar noch an Don Quijote, der mit seiner Rosinante gegen die spanischen Windmühlen des 17. Jahrhunderts anritt, aber das ist eine andere Geschichte.

Heutige Windkraftanlagen sind bis zu 250 Meter hoch und wahre Monster des späten Industriezeitalters aus Tausenden Tonnen Beton, Stahl, Bauxit und faserverstärktem Kunststoff. Leichte und stabile Glas- und Karbonfasern sind unter anderem vermischt mit Epoxid- und Vinylharzen, dazu kommen Metalle wie Eisen, Kupfer, Aluminium und Blei sowie Kunststoffschäume, Balsaholz und Lacke mit Titandioxidpartikeln. Die Fundamente müssen viele Meter tief gegossen werden, der Weg dorthin wird im Zweifel gerodet und asphaltiert, um die schweren Kräne überhaupt heranschaffen zu können. Riesige Sattelzüge transportieren die Einzelteile an die Baustelle. Je größer sie werden, desto größer auch die Schwierigkeit, sie durch kleine Dörfer zu bugsieren. Hier und da hilft der Hubschrauber.

All das hat mit der Assoziation niedlicher Windräder, die sich in der leichten Sommerbrise drehen, nichts zu tun, und die Vorstellung, dass in den nächsten Jahren immer weitere Teile deutscher Natur- und Kulturlandschaften mit diesen Anlagen vollgepflastert werden und historisch gewachsene Sichtachsen zerstören, nimmt vielen Bürgern die Vorfreude auf die klimaneutrale Zukunft. Von der prinzipiellen Unmöglichkeit, mit der extrem Wetter- und Standort-abhängigen Windenergie die Grundlast der Stromversorgung zu garantieren, soll hier nicht die Rede sein, ebenso wenig vom deutschen Sonderweg in Sachen Atomkraft.

In einer stillen Stunde stellt sich aber manch einer die Frage, ob es vielleicht sein könnte, dass die offizielle deutsche Windkraft-Begeisterung mit Unterstützung mächtiger Lobbygruppen dereinst ein ähnliches Schicksal ereilen könnte wie der frühere Boom von Kohle, Erdöl, Erdgas und Atomenergie – dass wir also womöglich schon in 10 oder 15 Jahren nur noch den Kopf schütteln werden darüber, dass wir unter anderem zur Deckung des Strombedarfs von E-Autos, E-Rollern, E-Laubbläsern, E-Autostaubsaugern, E-Lade-säulen, E-Bikes, E-Books, Wärmepumpen und dem tagelangen *binge watching* von Netflix- und Amazon-Serien die deutschen Mittel-gebirge, das Voralpenland und die deutschen Küsten mit riesigen Rotorblättern verschandeln.

Aber genau hier setzt der notorische Häresie-Verdacht ein: Aha, Ihnen ist also der freie Blick auf die Höhenzüge des Schwarzwaldes und das Alpenpanorama am Tegernsee wichtiger als die Rettung der Welt vor der Klimahölle!

Man kann dagegen wenig einwenden, weil angesichts der dro-henden Apokalypse jede romantische Anwandlung, jedes ästheti-sche Argument, überhaupt jedes »subjektivistische Empfinden«, wie gläubige Kommunisten den »bürgerlichen Individualismus« einst ideologiekritisch verunglimpften, eine moralische Bankrotterklä-rung ist. Und aus der Geschichte des Kommunismus wissen wir, dass für das ultimative Menschheitsziel kein Opfer zu groß sein kann. Was ist da schon ein Windpark im Pfälzer Wald?

Spitzfindige Nörgler aus der Boomer-Generation könnten aller-dings daran erinnern, dass hier schon wieder jene systematische Diskursverengung vorliegt, die man aus den Sechzigerjahren kennt, als linke Sozialdemokraten mit der Atomkraft ein strahlendes Zeit-alter von Fortschritt und Frieden heraufziehen sahen und jede Kri-tik als rückwärtsgewandt und vorgestrig einstuften, Motto: »Mit uns zieht die neue Zeit …!«

Was damals die großartige politische Utopie der Menschheits-beglückung war, ist heute die dunkle Dystopie des Untergangs, das Weltenende. Damals schüttelten die regierenden Sozialdemokraten nur den Kopf über die langhaarigen Anti-AKW-Demonstranten, heute schaut die Klimasekte der »Letzten Generation« verständnis-los auf jeden, der ihr grenzenlos anmaßendes, steindummes Er-pressergehabe nicht goutiert.

Mag sein, dass sich derzeit die Geschichte der ultimativen Recht-haberei und endgültiger Wahrheiten in der Windrad-Republik wiederholt. Womöglich hatte der olle Karl Marx ja doch recht, dass geschichtliche Ereignisse mindestens zweimal wiederkehren – das eine Mal als Tragödie und das andere Mal als Farce.

Die Frage ist nur: Erleben wir jetzt die Farce oder die Tragödie?

Epilog

Ein später Nachkomme Heinrich Heines, Hanns Dieter Hüsch, »das schwarze Schaf vom Niederrhein«, dem das Schicksal es ebenfalls ersparte, Robert Habeck und Annalena Baerbock live on stage zu erleben, fasste bereits in den Siebzigerjahren die Gemütslage der Nation in einem Satz zusammen: »Alles, was wir machen, machen wir uns vor.« Auch heute wären diese acht Worte die ideale Losung für alle Lagen und Notlagen: Deutschland als Bildungsnation, Deutschland als Industrienation, Deutschland als Weltmeister der Herzen, Deutschland als Vorbild bei der Energiewende und dem Klimaschutz, Deutschland als die Lokomotive der Europäischen Union.

Deutschland war schon ein Fantasialand, als Kaiser Wilhelm II. im Juli 1900 bei der Verabschiedung des deutschen Ostasiatischen Expeditionskorps zur Niederschlagung des Boxeraufstandes im Kaiserreich China seine berühmt gewordene »Hunnenrede« hielt. »Kommt ihr vor den Feind, so wird derselbe geschlagen! Pardon wird nicht gegeben! Gefangene werden nicht gemacht! Wer euch in die Hände fällt, sei euch verfallen!« Damit »es niemals wieder ein Chinese wagt, einen Deutschen scheel anzusehen!«. Deutschland war schon ein Fantasialand, als es mithilfe einer »Wunderwaffe« das Vereinigte Königreich in die Knie zwingen wollte. Deutschland war schon ein Fantasialand, als es sich nach dem Fall der Mauer der Vorstellung hingab, das Land könnte zum Status quo ante von vor dem Mauerbau zurückfinden. Man kann wirklich nicht behaupten, der Realitätssinn sei ein Meister aus Deutschland.

In jedem Land gibt es ein gewisses Quantum an Bereitschaft, seinen eigenen Illusionen zu verfallen, sich zu überschätzen und so zu tun, als könnte man das Rad der Geschichte dorthin lenken, wo eine »gerechte Gesellschaft« hinter dem Horizont aufscheint. Man müsse sich nur verbünden, vernetzen, einander unterhaken, fair gehandelten Maracujasaft trinken und mindestens einen längeren Text von Achille Mbembe über Kolonialismus und Postkolonialismus gelesen haben.

Einfacher formuliert: In einem Land, in dem Minderleister wie Claudia Roth, Frank-Walter Steinmeier und Manuela Schwesig politische Karrieren machen konnten, Richard David Precht als Philosoph gilt und Robert Habeck den Ludwig-Börne-Preis bekommt, in einem solchen Land ist etwas schiefgelaufen, irreversibel. Es macht keinen Unterschied, ob der Bundespräsident den iranischen Ayatollahs zum Jahrestag der Islamischen Revolution gratuliert oder einer Holocaustüberlebenden, die sich »gegen das Vergessen« engagiert, zu ihrem 100. Geburtstag. Glückwunsch ist Glückwunsch.

Genau genommen, macht überhaupt nichts mehr einen Unterschied. Jede und jeder kann alles. Würde Lisa Paus, die Ministerin für Familie, Senioren, Frauen und Jugend, mit Steffi Lemke, der Ministerin für Umwelt, Naturschutz, nukleare Sicherheit und Verbraucherschutz, tauschen, fiele das nicht auf. Es fragt auch keiner, wozu Deutschland eine Ministerin für nukleare Sicherheit braucht, obwohl kein Atommeiler mehr in Betrieb ist. Svenja Schulze, ihrerseits »Münsteranerin, Sozialdemokratin, MdB und Bundesministerin für wirtschaftliche Zusammenarbeit und Entwicklung«, könnte die Jobs von Lisa Paus und Steffi Lemke übernehmen, ohne ihr Amt aufzugeben, sie ist eine echte Multitaskerin. Ihre 38 960 Follower hält sie via Twitter auf dem Laufenden. Von einer Dienstreise nach Indien twitterte sie heim: »Ein großer Teil der indischen Bevölkerung lebt vom Ganges & seinen Zuflüssen. Wir unterstützen die indische Regierung dabei, die Flüsse wieder sauber zu kriegen. Das ist gut für Indien, aber auch für die ganze Welt. Denn durch die Weltmeere sind wir alle miteinander verbunden.«

Diese Erfahrung musste schon Christoph Kolumbus machen, als er im Oktober 1492 die Bahamas erreichte, obwohl er eigentlich nach Indien wollte. Durch die Weltmeere sind wir alle miteinander verbunden. Die Flüsse wieder sauber zu kriegen ist allerdings nur eines der vielen Projekte, die »wir« im Rahmen der »bilateralen Entwicklungszusammenarbeit« mit Indien unterstützen. Wie das BMZ Anfang Februar 2023 als Antwort auf eine Kleine Anfrage der AfD erklärte, hat das von Svenja Schulze geführte Haus allein im Jahre 2022 Indien 987,52 Millionen Euro zugesagt, also fast eine Milliarde Euro.

Was die künftige Zusammenarbeit bis 2030 angeht, so wolle »Deutschland im Zuge der mit Indien vereinbarten Partnerschaft für grüne und nachhaltige Entwicklung mindestens zehn Milliarden Euro bereitstellen, unter anderem für den Ausbau agrarökologischer Ansätze im Umfang von 300 Millionen Euro bis 2025 und für den Ausbau erneuerbarer Energien bis 2025 im Umfang von einer Milliarde Euro«. Deutschland unterstütze »Indiens Bemühungen, Armut, Hunger und Ungleichheit mit Blick auf die Verwundbarsten zu überwinden sowie die soziale und wirtschaftliche Transformation hin zu Klimaneutralität und Klimaresilienz in die eigene Hand zu nehmen und weitere Reformen voranzubringen, etwa im Energie-, Stadt- und Transportsektor, der Landwirtschaft und der nachhaltigen Bewirtschaftung natürlicher Ressourcen«.

Dass der Boden der deutschen Geschichte bis nach Palästina reicht und die Sicherheit Deutschlands am Hindukusch verteidigt wird, das ist schon eine Weile bekannt und hat in der politischen Praxis zu etlichen »Verwerfungen« geführt. Jetzt kommt die deutsche Verantwortung für die soziale und wirtschaftliche Transformation hin zu Klimaneutralität und Klimaresilienz in Indien dazu. Diese Aufgabe sollen die Inder zwar »in die eigene Hand« nehmen, aber die Anschubfinanzierung würde aus Deutschland kommen. Wie sonst sollen die Einheimischen mit der nachhaltigen Bewirtschaftung natürlicher Ressourcen zurechtkommen?

Kurz zuvor, im Januar 2023, flog Bundesentwicklungsministerin Svenja Schulze nach Brasilien, mit 200 Millionen Euro im Handgepäck, eine Art Gastgeschenk, mit dem das BMZ »die neue brasilianische Regierung in den ersten 100 Tagen ihrer Amtszeit« unterstützen wollte. So wie es auch in der Eifel und im Westerwald der Brauch ist, wenn neue Nachbarn in das Haus gegenüber einziehen – man geht rüber, stellt sich vor und bringt einen gedeckten Apfelkuchen mit. Sie sei nach Brasilien gekommen, gab Ministerin Schulze bekannt, »um Gespräche zu führen und zuzuhören«. – »Wo können wir unterstützen, was erwarten die Menschen hier von Deutschland? Dabei geht es immer wieder um die Spaltung der brasilianischen Gesellschaft und die enormen Aufgaben, vor denen die neue Regierung steht.« Wobei sie offen ließ, ob die deutsche Regierung bei der Spaltung der brasilianischen Gesellschaft hilfreich sein könnte oder eher verhindern sollte, dass es so weit kommt. So rum oder andersrum, der »Strukturwandel« werde »nur gelingen, wenn er gleichzeitig sozial ist, wenn es gerecht zugeht und wenn nicht einzelne Regionen oder Bevölkerungsgruppen zurückgelassen werden«, wenn er also so gemanagt wird wie in der Lausitz und in den rheinischen Braunkohlegebieten. Vom Erfolg des Strukturwandels hänge viel ab, »für uns alle«. Denn: »Der Wald im Amazonas ist die grüne Lunge der ganzen Welt. Ohne Brasilien wird Klimaschutz nicht funktionieren.«

Ohne Kolumbien auch nicht. Mitte Juni gab das Ministerium für wirtschaftliche Zusammenarbeit bekannt, Deutschland und Kolumbien wollten »beim Klimaschutz künftig eng zusammenarbeiten«. Bundesentwicklungsministerin Svenja Schulze, Bundeswirtschaftsminister Robert Habeck, Bundesumweltministerin Steffi Lemke und die Staatsministerin im Auswärtigen Amt Anna Lührmann hätten gemeinsam mit dem kolumbianischen Außenminister Álvaro Leyva Durán »eine Partnerschaft für Klima und eine gerechte Energiewende« vereinbart. Aus diesem Anlass stellte Ministerin Schulze »eine zusätzliche finanzielle Unterstützung von bis zu 200 Millionen Euro für die Umsetzung der nationalen Klimaziele Kolumbiens in Aussicht«. Im Klartext: Der deutsche Michel kommt für die Kosten der nationalen Klimaziele Kolumbiens auf. Wenn es aber eine »Zusammenarbeit« sein soll, dann müsste man sich die Unkosten eigentlich teilen, oder? Alternativ dazu könnte die Bundesregierung die Kollegen und Kolleginnen in Bogota bitten, einen Teil der Ausgaben für die Behandlung und Betreuung drogenkranker Menschen zu übernehmen, die Kokain, Kolumbiens wichtigsten Exportartikel, konsumiert haben. Seltsam, dass keiner der an dem Partnerschaftsabkommen beteiligten deutschen Minister auf diese Idee gekommen ist.

Es könnte damit zu tun haben, dass es eine Entwicklungszusammenarbeit nicht nur mit befreundeten Großabnehmern deutscher Hilfsangebote gibt, sondern auch mit Ländern, die nicht einmal den geringsten Ansprüchen an rechtsstaatliche Prozeduren genügen, Afghanistan zum Beispiel. 2021 hat Deutschland dem Land »600 Millionen Euro für humanitäre Hilfe, strukturbildende Übergangshilfe und Basisversorgung zur Verfügung gestellt«. Dabei wies die Bundesregierung jeden Verdacht, das Geld oder ein Teil davon könnte in den Kassen der Taliban landen, als unbegründet zurück. »Schwerpunkte« der deutschen »Entwicklungszusammenarbeit« mit Afghanistan seien »die Förderung von Grund- und Berufsbildung sowie nachhaltiger Wirtschaftsentwicklung, ein verbesserter Zugang zu Energie und Trinkwasser, ein leistungsfähigeres Gesundheitswesen und die Förderung guter Regierungsführung«. Zumindest was den letzten TOP der Entwicklungszusammenarbeit mit Afghanistan angeht, muss man zugeben, dass sich die Mühen gelohnt haben. Effektiver als nach der Rückkehr der Taliban ist das Land noch nie regiert worden.

Wenn Milliardenschulden zu »Sondervermögen« umetikettiert werden, wenn die Regierung verspricht, die Bürokratie zu verschlanken und die Abläufe zu vereinfachen, während die Zahl der Regierungsmitarbeiter alle Rekorde bricht, wenn sich der Kanzler und seine 16 Minister eine steuerfreie Inflationsprämie von 3000 Euro pro Kopf »zur Abmilderung der Folgen der gestiegenen Verbraucherpreise« genehmigen, wenn die Inflation so lange geleugnet wird, bis sie zweistellig geworden ist, und wenn darüber debattiert wird, ob Geiselnahme, Freiheitsberaubung und Nötigung unvermeidliche Kollateralschäden im Kampf gegen die Klimakatastrophe sind, die hingenommen werden müssen, weil sie einem guten Zweck dienen; wenn dementsprechend ein Berliner Landgericht den Tatbestand der Nötigung nicht verwirklicht sieht, da den Autofahrern »ein Umsteigen auf den öffentlichen Nahverkehr ... generell möglich« sei; wenn demnächst ein Gesetz verabschiedet wird, das es jedem Mann erlaubt, sich zur Frau zu erklären, weil er sich »als Frau fühlt«, wie es Familien- und Frauenministerin Lisa Paus erklärt hat – dann ist es zu spät, um »den Anfängen zu wehren«!

Dann muss man sich mit der Rolle des Protokollanten bescheiden und versuchen, nicht verrückt zu werden. Keine leichte Aufgabe, aber von allen möglichen Optionen immer noch die beste.

Fehlt noch was? Ja, durchgeknallte Reichsbürger, die ihr Haus zum Ausland erklären, in dem das deutsche Grundgesetz nicht gilt, Schusswaffen im Keller bunkern und die Reichskriegsflagge auf dem Dach hissen. Glatzköpfige Neonazis, die Hitler bewundern, ein ethnisch homogenes Volk erkämpfen und »national befreite Zonen« etablieren wollen, in denen blondbezopfte deutsche Mädels von fremdländischen Einflüssen unverdorbene Gurken und Radieschen aus der deutschen Muttererde ziehen. Linksextremisten, die allen »Nazis« den Kampf angesagt haben, das Recht in die eigenen Hände nehmen, den demokratischen Staat hassen und »Bullen« brennen sehen wollen. Verschwörungstheoretiker aller Querfronten von links bis rechts, die an Globuli, Glückssteine und unterirdische Folterkammern glauben, in denen Bill Gates Babys Blut abzapft – und an kosmische Strahlung, die Olaf Scholz' verbrecherische Pläne zur Eroberung Russlands mit der Geheimrakete V3 in den Hippocampus der ahnungslosen Bürger implantieren soll.

Auch im akademischen Raum machen sich Diskurse breit, die schon durch ihre sprachlich abstrakte Hermetik dem gelinden Wahnsinn näher scheinen als der Vernunft. Ein Zitat aus der aktuellen Programmzeitschrift des Berliner »Hauses der Kulturen der Welt« unter der neuen Leitung von Professor Dr. Bonaventure Soh Bejeng Ndikung mag genügen. In der Vorbemerkung zu einem Gespräch zwischen José Lingna Nafafé, Juliana M. Streva, Cosmis Costinaş und Eric Otieno Sumba heißt es wörtlich:

»Die Semantik des Quilombismo und die diskursiven und materiellen Signifikanten des Wortes haben sich im Laufe der Jahre dramatisch verändert. Die Geschichte der *quilombos* nachzuzeichnen bedeutet daher, seine Etymologie zu rekonstruieren und sich mit der vielseitigen Verwendung des Wortes in verschiedenen Zeiten und Kontexten durch verschiedene Akteur*innen auseinanderzusetzen.«

Man stelle sich nun nur noch ein Grußwort des Bundespräsidenten zum »Quilombismo«-Problem vor, das bislang bei der postkolonialistischen Vergangenheitsbewältigung sträflich vernachlässigt worden sei.

Nicht nur angesichts derartiger Diskursblasen ergreift manchen das tiefe Bedürfnis, es endlich einmal ganz einfach, friedlich und angenehm zu haben, schön, gemütlich gar, irgendwie *hygge* – Balsam für die angeschlagene Seele, die im fortgeschrittenen Medienzeitalter 24/7/365 rund um die Uhr mehr aushalten muss, als sie verarbeiten kann.

Aber sosehr man in bestimmten Momenten auch Flucht- und Auswanderungsgedanken hegt, so klar ist, dass man selbst Teil all der großen und kleinen Blasen ist, *addicted, cablé*, an der Nadel und nicht loslassen kann, selbst noch im schärfsten Widerspruch zum täglichen Wahnsinn.

Das beste Rezept dagegen: einfach rausgehen. Zum Einkaufen, Besorgungen erledigen, in den Alltag auf der Straße, den normalen Leuten beim Leben zuschauen, in die Natur, aufs Land. Zum Beispiel nach Sasbach am Kaiserstuhl, ein Winzerdorf unmittelbar an der französischen Grenze. Ein kleines unspektakuläres Paradies, in dem schon die Luft weicher zu sein scheint als anderswo, umgeben von Weinbergen und Obstplantagen, sanften Hügeln und grünen Wiesen.

Wer beim köstlichen Weißburgunder Spätlese trocken der Sasbacher Winzergenossenschaft unter der Kastanie des Gasthofs »Löwen« sitzt, während ein im Abendlicht zurückkehrender Traktor für Sekunden die milde Ruhe unterbricht, der könnte glatt glauben, in einem anderen Land zu sein, jedenfalls nicht in Germanistan.

Und doch gibt es noch viele andere Orte, an denen man fast vergessen könnte, dass man in der hysterischen Ampel-Republik lebt, die droht, an sich selbst irre zu werden.

Wie sagt Faust zu Mephisto: »Werd' ich zum Augenblicke sagen: Verweile doch! Du bist so schön!« Den zweiten Teil der teuflischen Wette – »Dann magst du mich in Fesseln schlagen, dann will ich gern zugrunde gehen« – ignorieren wir einfach mal und geben hinüber ins Studio zu Anne Will, die heute mit ihren Gästen über das Thema »Deutsche Technik, deutsches Geld – schafft Indien die Klimawende?« diskutiert.

Schönen Abend noch und gute Nacht!

Ende